운명을
거스르다

운명을 거스르다

평범했던 직장인이 1년 만에 10억 원을 벌게 된 기적 같은 이야기
태어난 환경은 선택할 수 없지만, 미래는 선택할 수 있다!

권순기 지음

두드림미디어

프롤로그

　세상에는 자신이 바라는 삶을 살아가고 있다고 자신 있게 말할 수 있는 사람이 그리 많지 않을 것이다. 누구에게나 바라는 삶이 있을 것이고, 원하는 목표가 있을 것이다. 그것을 이루며 살아가는 사람들이 흔하지 않은 것은 삶 자체가 고난의 연속이기 때문이다. 사람들은 왜 인생이 자기 마음대로 펼쳐지지 않고, 힘들게 살아가야 하나 푸념하곤 한다.

　인생이 쉽지 않다는 것을 당연한 것으로 받아들이면 어떨까? 쉽지 않은 인생살이기에 무슨 일이든 노력을 더해야만 좋은 결과로 이어질 가능성이 높아진다. 지금까지 살아온 인생을 되돌아보면 쉬웠던 때는 한순간도 없었다. 세상에 태어난 첫 순간에는 큰 울음소리로 존재를 증명해야 했고, 이후에는 수천 번 넘어진 후에야 비로소 일어서고 걸을 수 있었다.

　공부, 운동, 예술, 직업…. 그 어떤 것도 노력 없이 좋은 결과를 이루어 낼 수는 없다. 그렇기에 자신이 원하고 바라는 것을 이루기 위해서는 반드시 힘든 노력의 과정을 거쳐야만 좋은 결과를 거둘 수 있다는 사실을 잊어서는 안 된다. 필연적인 수고와 노력의 과정이 동반되어야 만족스러운 결과를 얻을 수 있다. 쉽게 얻어지는 것은 아무것도 없다. 많은 사람들이 자신이 바라는 삶을 위해 끊임없이 생각한다. 하지만 생각만으로 끝나는 경우가 많다. 그렇게 생각에서 끝나버리면, 아무것도 이룰 수 없다. 때로는 많은 생각이 도전을 가로막는 장애물이 되는 경우가 많다.

생각을 거듭할 시간에 그냥 해보라! 그것이 어떤 일이든 우선 시작하는 것이 중요하다. 그리고 거기에 동반되어야 할 가장 중요한 포인트가 있다. 바로 '간절함'이다. 내가 얼마나 절실히 원하고, 바라는지에 따라 승패가 결정된다고 할 만큼 간절함이 중요하다. 이러한 간절함이 곧 열정을 불러일으키기 때문이다.

부정적인 생각보다는 할 수 있다는 긍정적인 생각들로 머릿속을 채워라! 그런 후에 자신이 바라는 것에 대한 간절함을 갖고 열정적인 자세로 꾸준히 노력하라!

나는 어린 시절에 극한의 가난과 불우함에 짓눌려 굴곡진 삶의 고통을 겪었기에 거기서 벗어나고 싶다는 간절함이 있었다. 그리고 가난하더라도 남들처럼 평범한 가정환경 속에서 살아보고 싶다는 작은 소망을 가졌다. 이러한 간절함을 바탕으로 남들보다 빠르게 중학생 시절에 돈 버는 일을 경험했고, 청년이 되어서는 일찍 재테크에 관심을 갖게 되었다. 그리고 재테크에 대한 관심은 내 삶을 송두리째 바꾸는 불씨가 되었다.

간절함이 있는 사람은 어딘가 모르게 남들과 다른 모습과 말투, 태도와 자세를 지닌다. 나는 간절함 하나로 누구보다 적극적으로 재테크에 몰입했고, 누구보다 적극적으로 움직이며 실행했다. 이렇게 열심히 노력하는 과정에서 내 인생의 가장 중요한 '만남'과 손잡았고, 그 한 번의 만남이 내 삶의 '게임 체인저'가 되었다. 결국 간절함은 현실이라는 이름으로 다가와 내 손을 잡아주었다.

보통 사람들은 상상하기 어려운 삶에서 나는 오로지 살기 위해 발버둥쳐야 했다. 그런 상황에 처해 있었지만 한순간도 포기하지 않았고 노력했다. 열정적으로 도전하는 과정을 거쳐, 현재는 성공을 향해 빠르고 견고하게 나아가고 있다. 내가 겪었던 경험과 생각들, 그리고 이루어낸 결과들에 대한 이야기가 혹시 누군가에게 큰 힘과 용기를 줄지도 모른다는 생각으로 이 글을 쓴다. 많은 사람들이 나의 이야기에 귀 기울여주기를 다시 한번 '간절히' 바란다.

지금 자신의 삶을 관통할 확실한 목표가 없다면, 반드시 목표부터 세우라고 말하고 싶다. 어디까지나 당신의 선택과 결정에 달려 있다. 누구를 원망하거나 탓할 일이 아니다. 당신이 변화와 도전을 선택한다면 새로운 삶을 살아갈 수 있다. 지금 당장 무언가를 하기 위해서 결심하고, 하루하루 그 결심한 것을 실천하기 위해 끈기 있게 노력한다면 불가능한 것은 없다. '나도 할 수 있다!'는 마음가짐으로 스스로에게 멋진 모습을 보여주자. 훗날, 그 작은 도전들이 자신의 삶을 돌아봤을 때 멋진 모습으로 기억될 것이다. 지금 이 책을 쓰는 것도 나의 삶에서 엄청난 도전이다. 그토록 하기 싫어하던 것이 글쓰기였다. 결혼 10주년 때는 편지 한 통을 못

7

써서 포기했던 나였다. 그만큼 나의 재능 중 가장 약한 부분이라고 생각해왔던 것이 글쓰기였다. 하지만, 단 3개월 만에 이렇게 글을 쓰고, 출판을 하게 되었다.

우선 작은 목표부터 세워서 그 목표를 달성하는 성취감을 맛보기를 추천한다. 그 작은 목표들이 하나씩 쌓이면 큰 목표를 이루는 힘의 근간이 된다. 마치 계단을 밟아 올라가는 것과 같다. 이미 성공한 사람들도 우리와 똑같은 인간이다. 그들도 성공하기 위해 목표를 세우고, 포기하지 않고 끊임없이 노력했기에 그 자리에 올라갈 수 있었다는 사실을 잊지 말아야 한다.

'과연 평범한 데다 의지력마저 약한 내가 할 수 있을까?'라는 생각이 당신의 머릿속을 지배할 수도 있다. 많은 사람들이 비슷한 의문을 가질 것이다. 나도 공감하고, 이해되지 않는 게 아니다. 그렇지만 언제까지 '할 수 없는 사람', '약해 빠진 사람'으로만 살아갈 것인가? 인생의 허들은 스스로가 만든 고정관념에서 시작된다. 어렵고 힘들어서 포기하고 싶다는 생각을 하는 순간, 당신의 잠재의식은 그것을 당연한 것으로 받아들일 것이다. 그러나 삶에서 한번 허들을 넘으면 그 경험을 통해 성공의 DNA가 생겨나기 때문에, 다음 허들을 넘기가 수월해진다. 그리고 할 수 있다는 자신감으로 나머지 허들마저도 극복해낼 수 있다.

끊임없이 노력하고 포기하지 않는 사람에게는 행운도 따르는 법이다. 아무엇도 하지 않고 있는데, 행운이 따라온다는 것은 이치에 맞지 않는 말이다. 반드시 이뤄내겠다는 의지를 갖고, 진행하는 과정에 만족할 만한 결과가 다소 늦게 나타나더라도 절대 실망하지 않아도 된다. 사람에 따라, 노력의 정도나 타이밍에 따라 원하는 결과가 드러나는 시점은 달라질 수밖에 없다. 꽃들도 품종이나 생육 조건에 따라 피어나는 시기가 각각 다르다.

때로는 자신의 능력으로는 목표를 달성하기 힘들다고 여겨질 때가 있을 것이다. 그럴 때는 반드시 목표로 삼고 있는 분야에서의 성공자를 찾아 인연을 맺으라고 말하고 싶다. 그 성공자는 당신에게 성공의 노하우와 성공의 지름길을 알려줄 키맨(Key Man)이 될 것이다. 그리고 성공자는 반드시 성공한 이유와 근거를 갖고 있다는 점에서, 그 사람의 습관과 행동을 그대로 모방해보는 것도 아주 좋은 방법이 될 수 있다.

'생각하고 말한 대로 이루어진다'는 말이 있다. 결국 어떤 생각과 어떤 마인드를 갖고 있느냐에 따라 자신의 삶을 좋은 쪽으로 변화시킬 수도 있고, 반대로 평생 제자리에 머물며 만족하지 못하는 삶을 살 수도 있다. 모든 것은 자신의 선택에 따라 달라진다는 사실을 꼭 기억하자.

오늘 당신은 과연 어떤 선택을 할 것인가?

권순기

프롤로그

CONTENTS

Part 3. 만남에서 싹이 튼 인생의 기회와 새로운 도전

Part 4. 행복 + 베풂 = 내가 살아가고 있는 삶

열정의 시작점은
간절함이다

환경을 선택해서
태어날 수는 없다

남몰래 가슴 아파했던 이야기

그동안 남몰래 가슴 아파하고 힘들었던 어린 시절 기억 너머에 숨겨놓았던 나의 이야기를 하려고 한다. 이 이야기는 살아오는 동안 나에게는 정말로 자존심과도 같이 여겨졌다. 부끄러움과 열등감, 패배의식으로 얼룩져 있고, 고통으로 가득했던 그때의 삶을 누구에게 전한다는 것은 매우 어려운 일이었다.

"너만 힘들게 살아온 줄 알아? 모든 인생이 나름대로 다 힘들게 사는 거야. 나도 힘들게 살았어!"

이런 식의 간단한 말로 묵살당하고 싶지 않았다. 그 때문에 쉽사리 이야기할 수 없었고, 함부로 말하기도 어려웠다.

그러나 30대가 되어 결혼을 하면서부터 마음을 스스로 다스릴 수 있는 여유가 생겼다. 그것은 온전히 아내 덕분이다. 나와는 사뭇 다르게 행복한 가정에서 태어나 성장한 아내는 나의 부족한 점을 메워 넉넉하게 채워주었다. 이런 아내가 없었다면 나는 여전히 진흙탕 같은 예전의 삶에서 헤어 나오지 못하고 있을지도 모른다. 삶을 불행하게 하는 여러 가지 상황들에 짓눌려 전전긍긍하며 살아오던 내가 단란한 가정을 이루고 행복한 순간들을 누릴 수 있게 되었다. 어느 봄날의 따스한 햇살처럼 내 인생에도 비로소 온기가 돌기 시작했다. 마치 극적인 드라마의 반전 스토리처럼….

'세상의 모든 것이 그저 기쁘고, 고마운 마음뿐이다.'

이런 마음을 가지면서부터 차츰 안정을 찾을 수 있었고, 줄곧 행복감을 느끼면서 만족하며 살아가고 있다. 그런 가운데 나의 이야기가 그 어떤 누군가에게는 위로가 되고, 힘과 용기를 줄 수도 있겠다는 생각이 든다. 그래서 이제야 응어리진 마음속 이야기를 드러내어 말할 수 있게 되었다.

지금도 기억에 선명한 초등학교 1학년 시절, 나는 세상에서 가장 불행한 어린이 중 한 명이었다. 그 시절을 떠올리면 지금도 가슴 시린 통증이 느껴진다. 그 이유는 순수하고 순박하기 그지없을 어린아이였기에, 앞으로 닥칠 고난과 역경을 전혀 가늠할 수 없었다는 생각 때문이다.

나의 어머니는 소아마비 증상으로 왼손이 불편했고, 간질이라는 몹쓸 병까지 지니고 있어서 주기적으로 발작을 일으키는 경우가 많았다. 어머니가 발작을 일으켜 괴로워할 때는 너무 큰 놀라움과 무서움이 나를 휘

감았다. 사실 발작보다 더 무섭고 심각했던 것은 어머니의 알코올 중독이었다. 기억을 되살리는 지금 이 순간에도 그때의 공포와 어찌할 바를 몰라 안절부절하지 못하던 어린 내 모습이 떠올라 가슴이 미어진다.

어머니는 성치 않은 자신의 몸과 시골에서의 단조로운 생활에서 비롯된 답답함을 술로 달래려고 했던 것 같다. 그러나 매일같이 술을 드시다 보니 스스로의 몸을 가눌 수 없을 만큼 취하는 날이 비일비재했다. 아버지는 그런 어머니의 모습을 매우 못마땅해하셨다. 취해 있는 어머니에게 역정을 내다가 감정이 격해지면 살림살이를 부수고 집안을 쑥대밭으로 만들곤 했다. 하루도 조용할 날이 없었다.

때로는 화를 주체하지 못한 아버지가 부엌칼을 들고 어머니를 죽이겠다며 난리를 피우는 날도 많았다. 어린 나에게는 말로 표현하기 힘들 정도로 엄청난 공포감을 자아내는, 지옥 그 자체였다. 이런 고통스러운 날들이 무섭고 두렵기만 했다. 연약하고 어린 나로서는 도저히 감당할 수 없는 장면들을 목격하며 겪는 일들이 점점 일상이 되어갔다. 가장 절망적이었던 것은 이러한 일들이 내 삶에서 끝나지 않고 반복되리라는 사실이었다.

어머니는 술을 드시면 두려움에 떨며 우는 어린 자식들 앞에서 스스로 죽어버리겠다며 칼을 들고 주정을 하곤 했다. 그럴 때 어린 나는 정말 어머니가 일을 저지를까 봐 무서워 동네 야산으로 도망가곤 했다. 그렇게 한참을 산에서 시간을 보내고 집으로 돌아오는 날들이 많았다. 지금 생각해도 그때는 도저히 이겨내기 힘들 정도의 무서움이었다. 겨우 초등학교 저학년이었던 내가 어떻게 그 불행한 순간들을 감내하며 지냈는지, 지금도 생각할수록 끔찍하다.

그런 생활이 반복되는 가운데 시골 집에 살던 우리는 도심 외곽에 있는 벽돌 공장에 속한 기숙사로 이사를 가게 되었다. 아버지가 그 벽돌 공장에서 일하시게 되었던 것이다. 그로 인해 내 삶은 제2의 지옥문으로 들어서게 되었다.

깊은 절망감

시골에 살 때도 우리 집은 마을에서 가장 가난한 형편이었기에 집을 구해 이사할 상황이 아니었다. 단지 아버지가 벽돌 공장에서 일하는 조건으로 공장 기숙사를 살림집으로 사용할 수가 있었다. 기숙사의 현실은 처참했다. 벽에는 시커먼 곰팡이가 피어 있었고, 부엌에는 쥐들이 우리 가족과 공존하고 있었다. 어미 쥐가 새끼들을 낳는 것을 수시로 보며 살아가는 것이 흔한 일일 정도로 정말 열악한 환경이었다. 공장 내 사택에는 같은 학교에 다니는 친구 두 명이 살았다. 한 명은 벽돌 공장 사장님의 아들이었고, 또 다른 한 명은 다른 사업을 하는 분의 딸이었다.

나는 우리 가족이 사는 환경이 정말 눈물겹게 부끄러웠고, 우리 집의 상황을 친구들에게 드러내는 일이 죽기보다 싫었다. 그러나 아주 가까운 곳에서 생활하는 그 두 명의 친구들은 우리 집의 사정을 잘 알 수밖에 없었다. 이러한 상황이 나에게는 칼로 베인 상처 같은 작은 열등감들을 만들어냈다. 두 친구와 나의 가정환경은 극과 극을 이루었기에 자연스럽게 비교되었고, 나는 좋은 환경에서 생활하는 그 친구들이 늘 부러웠다.

내 어린 시절을 마라톤에 비유하면, 남들보다 20km 뒤에서 출발하는 느낌이었다. 아무리 달리고 달려도 사람들을 따라잡을 수 없었다.

'최소한 동일한 출발선에서 시작하게끔 해줘야 하는 것 아닌가? 이래서 세상은 공평하지 않다고 하는가?'

이런 생각이 당시의 나를 짓눌렀다. 부모님과 환경은 내가 선택해서 태어날 수 없기에, 왜 하필이면 이런 환경과 부모님 밑에서 태어났는지 세상을 원망하고 또 원망했다. 너무 답답한 마음에 하염없이 울기도 했다. 울고 난 후 빨갛게 충혈된 눈처럼 내 가슴에도 조금씩 멍이 들어만 갔다.

'지금은 비록 이런 환경 속에서 살고 있지만, 나는 결코 부모님처럼 살지 않겠다', '나는 절대 비뚤어진 삶을 살지 않을 거야!'라고 스스로에게 수없이 다짐했다. 세상으로부터 '불우한 환경에서 자라 저렇게 비뚤어졌구나!' 하는 손가락질을 받고 싶지 않았다. 어려서부터 이런 생각들이 나를 나쁜 길로 빠지지 않게 만들어주었다.

때로는 이 삶이 정말 꿈이기를 빌고 빌었다. '이게 꿈이라면 얼마나 좋을까! 꿈에서 깨어났을 때 다른 현실이 펼쳐지면 얼마나 좋을까!' 어린 마음에 간절히 바라면서, 정말 그렇게 되기를 소망했다. 하지만 안타깝게도 그런 일은 결코 일어나지 않았다.

종종 허공에서 다리를 휘저으며 아무리 달리려고 애를 써도 앞으로 나아가지 못하는 꿈을 꾸곤 했다. 꼭 내가 처해 있는 현실과 같은 느낌이었다. 벗어나고 싶어서 발버둥 쳐도 달라지는 것은 하나도 없었다. 이런 고통스러운 나날을 감내하면서 살아가야 하는 현실을 마주하는 순간, 나는 깊은 절망감에 빠질 수밖에 없었다. 정말로 모든 것을 내려놓고 포기하고 싶은 마음이 들기도 했다. 하루하루가 너무나도 고통스러웠다.

그래서 빨리 어른이 되게 해달라고 기도했다. 그것만이 내가 이 삶에서 벗어날 수 있는 유일한 길이라고 생각한 것이다. 어른이 되면 스스로 돈을 벌 수 있고, 스스로 선택과 결정을 할 수 있다고 생각했다. 하지만 어린 시절의 하루, 한 달, 1년은 몹시도 길게만 느껴졌다. 어느 세월에 어른이 될 수 있을까? 매일 이런 생각들을 하면서 빨리 시간이 흐르기만을 기다렸다. 하지만 그럴수록 눈앞이 캄캄하고 너무나 먼 미래의 이야기처럼 느껴져서 답답함은 더 크게 밀려왔다. '하늘은 왜 나에게 이런 시련을 주시는 걸까? 내 주변 친구들은 모두 보살핌을 받고 자라는데…' 사랑을 바라기는커녕 최소한의 여건만이라도 갖추어진 생활을 하고 싶었다. 하지만 어느 순간부터는 이러한 소망조차도 나에게는 사치라고 생각되었다.

이렇게 초등학교 시절에 내 삶을 변화시킬 수 있는 것은 그 어떤 것도 없었다. 누군가에게는 일상적인 것들이 나에게는 전혀 손 닿을 수 없는 곳에 있었고, 보통의 삶이라는 것은 꿈속에서조차 쉽게 펼쳐지지 않았다. 그렇기에 주어진 내 삶을 당연한 것으로 받아들이는 것 외에 할 수 있는 게 없었다. 그렇게 혹독한 삶에 내던져진 어린아이가 세상을 마주하며 이겨낼 방법이 무엇이 있었겠는가? 누가 이렇게 가혹한 인생 여정을 내게

주었는지 알고 싶고, 묻고 싶었다. 아무도 내 삶을 해결해줄 수 없었고, 그 누구도 내 질문에 대답해주지 못했다.

김밥, 그 평범함이 부러워

어린 시절 소풍을 갈 때면 김밥을 싸 오는 친구들이 몹시 부러웠다. 그 친구들에게 김밥쯤은 그저 평범하고도 일상적인 것이라고 생각될 수 있 겠지만 나에게는 부러움의 대상이었다. 아무리 가난한 집의 아이라도 소 풍 때 김밥 준비를 못해 오는 경우는 흔치 않았다. 그렇지만 나로서는 그 흔한 김밥조차 준비해 갈 수 없었기에 냉동만두를 사다가 구워서 소풍 에 갖고 갔던 기억이 난다. 만두는 초등학생인 내가 구워서 준비할 수 있 었기 때문이다. 친구들은 오히려 내가 가져 간 군만두를 반색하면서 함께 잘 먹었다. 내가 준비한 군만두라는 것은 까맣게 몰랐을 것이다.

때로는 옆집 친구 어머니가 안쓰럽다면서 친구의 김밥을 준비하는 김 에 내 몫까지 만들어 챙겨주셨던 것이 기억난다. 지금도 그 당시를 회상 하면 눈물이 왈칵 쏟아질 것 같은 감정에 휩싸인다. 참으로 고마운 배려 심이었지만, 그런 호의가 달갑지만은 않았다. 그냥 감사하게 생각하고 받 으면 될 것을 뭔 놈의 자존심이 있었는지, 그 김밥을 받으며 속이 상한 나 머지 눈물만 났다. 나는 그냥 부러웠던 것 같다. 친구네의 그 평범한 일상 의 삶이 말이다. 많은 것, 대단한 것을 바란 것도 아닌데⋯. 그 김밥이 뭐 라고. 아무것도 아닌, 단지 그냥 김밥이었을 뿐인데⋯.

불행한 삶에서 체념을 배우다

그토록 불우한 생활은 나아질 기미가 전혀 없었고, 이사를 한 이후에도 어머니의 알코올 중독 증상은 변함이 없었다. 주변에 사는 사람들이 우리 집 사정을 알게 되기까지는 그리 오래 걸리지 않았다. 아버지와 어머니 사이의 죽이니 살리니 하는 난장판은 오히려 더 잦아졌다. 이런 모습을 거의 매일 보아야 하는 나는 세상에서 가장 가여운 사람이었다. 자주 마주치며 살아야 하는 주변 사람들이 우리 집의 사정을 알게 된다는 것이 정말 부끄러웠기에 항상 그 현실에서 벗어나 도망가고 싶은 생각만 들었다.

이웃 어른 중에 누군가가 우리 집에서 벌어지는 일을 말려줬으면 좋겠다고도 생각했지만, 남의 집 일에 간섭하고 나서는 사람은 아무도 없었다. 나로서는 오로지 고통을 감내하고 참아야만 했다. 왜 나에게 이런 고통과 시련을 주시는지 하늘에 따져 묻고 싶었다. 그런 환경에서 하루빨리 벗어나고 싶었지만, 어린 내가 해결할 수 있는 일이 아니었다.

어린 나의 생각으로는 차라리 부모님이 없는 친구들이 부러울 정도였다. 가난은 그래도 참으며 견딜 수 있다고 생각했지만, 부모의 사랑과 보호를 받아야 할 나이에 끔찍한 장면들을 매일 보는 것은 지옥이 따로 없었다. 부모님은 오히려 나의 삶에 고통만 안겨주는 존재로 여겨졌고, 함께 살고 싶지 않았다. 그럴 정도로 어린 내가 처한 상황은 가혹했고, 견디기 힘든 나날이었다. 하지만 누구를 원망한다고 해서 변화될 것은 없었다. 날이 갈수록 그렇게 살 수밖에 없다는 체념이 내 가슴속에 깊이 자리

Part 1. 열정의 시작점은 간절함이다

잡았다. 어린 나이에 이미 꿈도 희망도 없는 삶을 받아들이다니! 아무리 눈을 크게 뜨고 꿈과 희망을 찾으려고 해도 찾을 수 없었다. 힘겹게 하루하루를 버티는 것이 그저 내가 할 수 있는 최선이었다.

'나는 어른이 되면 반드시 이런 삶에서 벗어날 테야! 이렇게 살지 않겠어!'

많은 생각이 머릿속을 복잡하게 만들기 일쑤였다. 더욱이 미래의 내 자식에게 이런 삶을 이어가게 한다는 것은 죽기보다도 싫다는 마음이 들었다. 죽는 것보다 못한 삶이라고 생각하니, 끔찍하기만 했다. 어린 자녀들에게는 사랑을 주기에도 짧은 세월이지 않은가! 비록 부모님의 사랑은 못 받았지만, '내 자식에게는 무한한 사랑을 줄 거야!' 하는 생각을 가끔 떠올리며 언젠가 그런 날이 오기를 간절히 바랐다. 그리고 마음 한편에 고이 간직해두었다. 때로는 불행 속에서도 희망적인 생각이 싹터 머릿속에서 계속 맴돌았다. 그래서 그런지 삶을 포기하기보다는 행복해지는 날이 오기를 꿈꾸며 견뎌나갈 수 있었다.

아버지도 세상 물정을 잘 모르는 편이었고, 자식들을 위해 무엇을 해야 하는지에 관심을 두지 않았다. 그러니 아버지, 어머니에게 무언가를 바란다는 것은 내가 살고 있는 이 세상에서는 불가능한 일이었다. 그냥 아무것도 안 해줘도 괜찮았다. 비록 가난하고 불우하더라도 자식들을 조금만 생각하는 부모님이 되어주길 바랐는데, 그마저도 너무 큰 욕심이었다.

어머니의 알코올 중독 증상은 나날이 심해졌다. 학교에서 돌아오면 어머니는 취한 채 쓰러져 있거나 심지어 용변을 가리지 못해 실수를 한 모습을 보일 때도 있었다. 그런 날이면 어김없이 아버지가 가만 있지 않았고, 가뜩이나 변변치 않은 살림살이가 거덜 나기 일쑤였다. 내 어린 시절의 시계는 그렇게 돌아가고 있었다.

상처만 남기고 떠나다

고등학교 2학년 겨울방학이었다. 취해서 넘어진 어머니가 머리를 바닥에 부딪히며 뇌출혈을 일으켰다. 3개월 가까이 입원했던 어머니가 호전되기를 바랐지만, 결국 힘들었던 삶을 마감하셨다. 막상 어머니가 하늘나라로 떠났다고 생각하니 슬픔이 복받쳤고, 그래도 나를 낳아준 어머니라고 눈물이 흘렀다. 자식들을 죽을 만큼 힘들게 하더니 이렇게 허무하게 떠났다는 사실이 믿기지 않았다.

좋고 싫고를 떠나서 어머니라는 존재가 없어졌다고 생각하니 알 수 없는 공허함이 느껴졌다. 태어나서 처음으로 죽음을 눈앞에서 목격했기에 충격은 더 크게 다가왔다. 하지만 그 슬픔도 잠시, '이제야 모든 것이 끝났구나' 하는 생각이 머릿속을 스쳐갔다. 삶이 얼마나 힘들었으면 어머니가 돌아가셨는데 이런 생각이 들었을까! 미안함과 후련함이 공존했다. 그래서 마음 한편에서는 죄책감이 들기도 했다.

가난했던 우리는 장례식도 집에서 치러야만 했다. 담임 선생님과 같은 반 친구들 여러 명이 조문을 와서 위로의 말을 해주었다. 담임 선생님은 아무 말씀도 하시지 않고 가만히 나를 안아주셨다. 선생님 품에 안겨 펑펑 울었던 기억이 난다. 친구들은 우리 집의 현실을 보고 많이 놀라워했다. 그렇게 처참한 환경에서 산다는 것을 미처 알지 못했을 것이다. 그와중에 나는 초라한 우리 집의 상황을 친구들에게 보이게 된 것이 몹시 창피했다. 숨겨왔던 치부를 원치 않게 보이게 된 것이다. 하지만 나의 사정을 알게 된 친구들은 너 나 할 것 없이 따뜻한 위로의 말을 해주었다.

어머니가 돌아가시고 난 후 집안의 불화는 조금씩 줄어들었다. 내 마음에도 조금씩 평화가 찾아오기 시작했다. 하지만 마음 깊은 곳에 생겼던 상처들은 좀처럼 치유되기 힘들었다. 스스로 치유하기에는 아직 어렸고, 그럴 능력 또한 되지 않았다. 누군가의 도움을 받을 수 있는 상황도 아니었다. 나는 힘들 때마다 세상 어딘가에는 나보다 더 힘들고 어려운 사람들이 많을 것이라고 생각했다. TV를 통해 아프리카 지역에서 힘겹게 살아가는 어린이의 모습을 보면 '저 친구들은 나보다 더 힘들겠구나!'라고 생각하며 위안을 삼은 적도 많았다. '그래도 나는 밥은 먹고 살잖아! 물은 마실 수 있잖아!'

현실은 죽을 만큼 힘들었지만, 가끔은 이런 생각들이 나를 버티게 해주었다. 어린 시절의 굴곡진 삶은 내게 매우 아픈 기억으로 남아 있다. 하지만 다행스럽게 그 아픈 기억들도 20대에서 30대를 거치면서 많이 비워냈고, 40대가 되면서 남아 있던 것들마저 비워낼 수 있었다. 그렇게 힘든 과정을 겪으면서도 조금씩 일어설 수 있었음에 그저 감사한 마음이다. 그래서 어린 시절의 나처럼 세상 어딘가에서 힘들게 살아가고 있는 사람들에게 희망의 메시지를 전하고 싶다. 이 글이 그분들에게 조금이나마 희망과 용기를 드릴 수 있기를 바란다.

자신의 삶을 개척한
열다섯 살

나는 중학생이 되면서 부쩍 어른스러워졌고, 빠르게 철이 들었다. 집안 환경이 나를 그렇게 만든 것이다. 그 또래에 생각하지 않아도 될 것들을 염두에 두고 행동했다. 절망적인 현실 앞에서 마냥 어린아이처럼 행동할 수 없었던 것이다. 중학교에 진학하고 초등학교 동창 모임에 참석했을 때 친구들은 "너 왜 이렇게 철이 들어버렸어?"라고 말했다. 초등학교 때는 그렇게 개구쟁이였는데, 중학생이 되더니 하루아침에 다른 사람이 되어버렸다는 말이다. 지금도 친구들과 모임을 하면 자주 그 이야기를 안주거리 삼아 이야기하곤 한다.

어려운 가정 형편에서 용돈이라는 것은 바랄 수도 없었다. 그래서 스스로 돈을 벌고 싶었다. 하지만 어린 나에게 그런 기회가 쉽게 올 리 없었다. 그러던 중에 중학교 2학년이 되면서 새벽에 신문 배달을 할 기회가 생겼다. 스스로 용돈을 벌 수 있는 절호의 찬스였다. 나로서는 용돈을 받아본 적이 거의 없었기 때문에 스스로 돈을 벌어 기본적인 생활을 누리고 싶었던 간절함이 컸다. 이런 나의 간절함이 통했던 것일까? 열다섯 살이 된 나에게 신문 배달 일은 한 줄기의 빛처럼, 내 삶에 희망이라는 이름으로 다가왔다. 우연한 기회는 어느 날 학교에서 친구 한 명이 새벽에 신문 배달을 할 사람을 찾으면서였다.

"혹시 신문 배달하고 싶은 사람 없어? 나 대신 할 사람을 찾고 있는데…."

"너 신문 배달을 하고 있었어? 그거 쉬운 일이 아닐 텐데. 어때? 할 만해?"

"사실 너무 힘들어서 못하겠어! 매일 일찍 일어나야 하는 게 가장 힘들어. 겨울이 되면 얼마나 추운지…. 비 오는 날도 엄청 힘들어! 그래서 이제 그만두려고!"

"그래? 그럼, 그거 내가 할게! 꼭 나한테 넘겨줘야 한다!"

이렇게 신문 배달을 하면 돈을 벌 수 있다는 것을 같은 반 친구를 통해 처음으로 알게 되었다. 그동안 너무 힘들었기에 더 이상 하기 싫다는 친구에게 반드시 내가 그 일을 이어서 할 수 있게 해달라고 부탁했다. 그 친구는 조건이 하나 있다고 했다. 자기 대신에 그 일을 맡아서 하려면 오랫동안 하겠다는 각오를 해야 한다고 했다. 그건 신문 보급소 소장님이 내건 조건이기도 했다. 나도 신문 배달 일을 하면서 알게 되었는데, 일을 그만두려고 할 때는 자기 대신 일할 사람을 구해주는 것이 일종의 암묵적인 룰이었다. 그래서 잠시 일하다가 쉽게 그만둘 친구라면 처음부터 소개하지 않는다는 것이다. 후임자를 소개하고도 나중에 욕을 들을 수 있기 때문이다.

나는 그 친구에게 신문 보급소 소장님을 만나게 해달라고 부탁했다. 다음 날 방과 후에 친구의 소개를 받아 소장님을 만나게 되었다. 소장님은 초면인 나에게 직설적으로 말씀하셨다.

"학생, 이야기는 들었겠지만…. 조금 하다가 그만두면 안 돼! 최소 6개월 이상 할 자신이 없으면 처음부터 하지 마!"

나는 소장님께 자신에 찬 표정으로 말했다.

"소장님, 그 문제라면 절대로 염려하지 마세요! 저는 최소 1년 이상은 무조건 할 거예요!"

나는 당당하게 말씀드렸고, 간절한 마음이 통했는지 소장님도 흔쾌히 나를 채용하겠다고 말씀하셨다. 새벽 4시 30분에서 5시에 일어나 신문 배달을 하는 것은 결코 쉬운 일이 아니었다. 40대가 된 지금도 5시는 일어나기 힘든 시간이다. 그렇지만 그때는 내 삶의 희망이 걸린 일이라고 생각했기에 반드시 해내야만 했다. 지금 생각해보면 열다섯 살 소년이 그 일을 매일같이 해냈다는 것이 가슴 짠하기도 하면서, 한편으로는 기특하다는 생각마저 든다.

이렇게 해서 내 인생에서 처음으로 노동을 통해 직접 돈을 벌 수 있는 기회가 생겼다. 일찍 일어나서 열심히 하고 약간의 돈을 벌 수 있게 된 것에 감사한 마음이 들었다. 남들보다 아침 일찍 움직이는 대가였다. 그때 나의 정신력은 제아무리 힘든 일이라도 모두 감수하겠다는 불굴의 의지로 완전무장이 되어 있었다. 일을 하고 싶다고 아무나 일을 시켜주는 것이 아니기에 그 일을 할 수 있게 된 사실이 기쁘고 만족스러웠다. 이렇게 나는 열다섯 살 나이에 스스로 돈 버는 일을 시작했다.

사실 신문 보급소 소장님은 어린 학생을 고용하는 것을 꺼렸다. 왜냐하면 아직 어린아이에 불과하기에 책임감이 부족할 뿐더러, 툭하면 힘들다는 이유로 그만두려는 경우가 잦았기 때문이다. 심지어 무단결근을 해새벽에 소장님이 곤란을 겪는 경우도 많았다고 했다. 신문 배달을 하기위해서는 아침에 일찍 일어나야 한다. 부지런함과 강한 의지력이 요구된다. 평소보다 두 시간씩이나 일찍 일어나는 것은 생각보다 힘들었다. 하지만 한번 하기로 마음먹은 이상 끝까지 하겠다는 생각으로 힘들어도 버틸 수밖에 없었다.

특히 추운 겨울날, 어두운 새벽 거리에서 몰아치는 칼바람은 정말 견디기 힘들었다. 조용한 그 길 위에서 고독하고 외롭게 나 자신과의 싸움을 하고 있는 것 같았다. 가끔 그럴 때면 잠깐 '에잇, 그만둬버릴까?' 하는 유혹에 빠질 뻔했지만 나는 결코 포기할 수 없었다. 그 일을 포기한다는 것은 곧 나의 삶을 포기하는 것과 같았다. 힘들고, 지치고, 고통스럽더라도 꾹꾹 참아가면서 하루하루 맡은 일을 끝까지 해내야만 했다.

이렇게 힘들여 번 돈은 유용하게 쓰였다. 이전에는 도시락을 싸 가지못하는 날에 교내 매점에서 빵이나 라면을 사 먹는 것이 돈이 아까워 고민한 적도 많았다. 가벼운 주머니 사정을 생각하면 한푼이라도 아껴야 한다고 생각했기 때문이다. 그렇지만 신문 배달 일을 하면서부터는 크게 고민하지 않고 사 먹을 수 있게 되었다. 새벽마다 일어나서 일하는 게 힘들었지만 그만큼 경제적으로는 약간의 여유가 생겼기에 매우 만족스러웠다.

신문 배달부는 월말이 되면 신문 대금을 받으러 다녀야 한다. 내가 직접 수금을 하면, 수고비로 인센티브를 받을 수 있었다. 아주 좋은 기회였기에 마다할 이유가 없었다. 나는 같은 보급소에서 신문 배달을 하는 사람 중에서 가장 적극적으로 수금했다. 부업이라고 생각하면서 즐겁게 다녔던 것이 생각난다. 수금을 많이 해야 인센티브를 더 받을 수 있었기 때문에 신문을 구독하는 사무실 사장님들께 사정하기도 했다. 그래서 보급소 내에서는 수금 실적이 제일 높았다.

수금을 하기 위해 찾아가 문을 두드리면 구독자들은 "지금 돈이 없으니, 나중에 다시 와라"라고 하기 일쑤였다. 일부러 두 번 걸음 하게 하는 분들도 많았다. 그럴 때 나는 쉽게 물러서지 않고, 아주 친절한 말투로 "사장님, 오늘은 사정이 그러시다니까…. 제가 다시 방문하겠습니다. 언제가 괜찮을까요? OO일까지는 꼭 수금을 해야 해서 그래요. 부탁드립니다!"라고 말했다. 그러면 대부분 언제 다시 오라고 말씀해주셨다. 그것을 메모해놓았다가 그 날짜에 다시 방문하는 것이다. 이번에도 대금 준비가 안 되었다고 할 경우에는 가능한 날짜를 또다시 확인하고, 세 번째 방문에서야 신문 대금을 주신다. 이런 식으로 열심히 수금하면 이것도 꽤 괜찮은 부수입이 되었다. 이렇게 돈을 벌어야 용돈을 대체할 수 있었기에, 주저하지 않고 적극적으로 임했다.

나는 중학교 2학년 때 시작한 신문 배달 일을 고등학교 2학년 때까지 무려 4년간 했다. 어린 나이에 스스로 돈을 벌면서 돈의 소중함을 빠르게 알게 되었고, 돈을 번다는 것이 얼마나 힘든 일인지도 깨달았다. 그리고 경제적으로도 나에게 큰 도움이 되었다. 학교에 도시락을 준비해 가지 못한 날에는 배를 채울 수 있게 해주었고, 책값, 보충수업비, 학용품값, 옷값 등등 필요할 때 유용하게 사용할 수 있었다.

지금도 가끔 '중학생 나이에 새벽 일찍 잠자리를 박차고 일어나 어떻게 신문 배달을 했을까?' 하고, 나 자신조차 신기하게 느껴질 따름이다. 지금은 어린 시절에 비해 너무나 편한 삶을 살아가고 있기에, 그 시절의 이야기가 더욱더 믿기지 않을 정도다. 하지만 그 시절에 여러 가지 힘든 과정을 이겨내기 위해 노력한 내 모습을 결코 잊을 수 없다. 힘들었지만 값진 경험을 쌓았고, 그것은 인생이라는 텃밭에 좋은 밑거름이 되었다.

안개 속에서도 길을
찾게 해주는 간절함

2000년도에 고등학교를 졸업하고 대학교에 입학했다. 집안 형편은 여전히 어려웠으나, 다행히 입학금과 등록금까지는 어렵사리 마련되었다. 그렇지만 용돈은 스스로 해결하려고 노력했다. 대학교 1학년 때는 롯데리아와 코인 파친코 가게에서 아르바이트를 하며 용돈을 벌었다. 그러다가 2학기에 들어설 무렵에는 군 입대 준비를 해야 했다. 집안의 경제 사정을 매우 잘 알고 있었기에 '과연 군대에 갔다 오면 복학해서 졸업까지 할 수 있을까?' 하는 걱정이 앞섰다. 아버지의 벌이만으로는 그저 하루 벌어 하루 사는 형편이었기에, 복학 후의 내 등록금까지 바란다는 것은 무리라고 생각했다. 이런 생각으로 마음 한구석이 늘 불편했다. 미래에 대한 걱정과 고민하는 시간이 많아졌다. '그냥 흘러가는 대로 몸을 맡기고 살아가야만 하는 것인가?' 이런 걱정들이 차츰 나를 괴롭히기 시작했다. 그러나 주변에는 내 고민에 대해 마음 편히 이야기를 나눌 멘토가 없었다.

친한 친구의 아버지가 아들의 장래 직업에 대해 조언해주는 것을 본 적이 있다. 그때 그 부자의 모습이 얼마나 부러웠는지 모른다. 부모님과 함께 자신의 진로에 대해 상담하고 고민하는 일이 가능하다니…. 나는 고민이나 걱정거리에 대해서 부모님과 대화를 나눠본 적이 단 한 번도 없다. 의논해보려는 생각조차도 못했다. 내 부모님과는 어떤 주제를 가지고 정상적인 대화를 나누기가 쉽지 않았기에, 시도조차 할 수 없었다. 부모님은 내가 어떤 생각을 갖고 살아가는지 알려고 하지 않았고, 내 진로를 결정하기 위해서 어떻게 해야 하는지에 대해서 그 어떤 관심도 보여주지 않았기 때문이다. 심지어 궁금해하는 모습 또한 본 적이 없었다. 이런 분위기에 익숙해지면서, 어느 순간부터는 그 모든 것을 자연스러운 일로 받아들였다.

열악한 환경에서 성장해가면서 점차 누구에게도 의존하지 않으려는 마음이 생겼다. 누군가에게 내 문제에 대해서 적극적으로 상담하고 물어보려는 생각을 하지 않았다. 어쩌면 생각과 마음이 닫혀 있었던 것 같다. 매일 학교에서 함께 시간을 보내는 친구들에게도 터놓고 내 이야기를 하지 못했다.

인생을 살아가면서 힘든 상황에 마주했을 때 현명하고 지혜롭게 극복해나가야 한다. 이럴 때 누군가의 조언이 필요할 때가 있다. 나보다 먼저 인생을 겪어본 선생님, 교수님, 학교 선배, 지인, 아는 형님 등이 그런 조언을 해줄 수 있는 사람들이다. 그러나 대학교 1학년 당시 마음의 문이 달혀 있던 나에게는 불투명한 미래는 아무리 생각해도 해결할 수 없는 문제로만 여겨졌을 뿐이다. 그래서 입대를 하는 것 외에는 방법이 없다고 판단했다. 어차피 한 번은 다녀와야 하는 군대이기에 빨리 마치고 그다음 인생을 계획하는 편이 낫다고 결심했다. 어느덧 주변의 친구들도 입대를 신청하는 경우가 하나둘 늘기 시작했다.

그러던 어느 날 아주 우연히 학교 친구로부터 한 줄기의 빛과 같은 정보를 듣게 되었다. 그것은 바로 군 복무를 대체하는 방법으로 돈을 벌면서 병역 의무를 해결하는 길이 있다는 이야기였다.

"돈을 벌면서 군 복무를 할 수 있대!"

"군 복무를 하면서 돈을 벌 수 있다고? 그런 게 있어?"

"우리 사촌 형이 그러는데, 방위산업체에서 일하는 것으로 군 복무를 대체할 수 있다는 거야!"

"와, 그게 정말 가능해? 어떻게 할 수 있는지 빨리 알아봐야겠다."

그건 정말 기적처럼 내게 다가온 정보였다. 그 순간 나는 세상의 그 어떤 누구보다도 더 간절한 마음으로 대체 복무의 기회를 잡고 싶었다. 군 생활을 하면서 돈까지 벌 수 있다는 게 정말일까 생각했다. 친구는 사촌 형에게 들어서 알게 된 내용을 상세히 설명해주었다. 이렇게 해서 나는 남들과는 조금 다른 길을 선택해서 병역 의무를 이행하기로 했다.

부사관으로 입대하면 일정 수준의 월급을 받을 수 있다는 사실도 나중에야 알게 되었다. 당시 나에게 이런 정보를 알려줄 만한 이가 주변에 전혀 없었다. 그랬기 때문에 나는 무지한 상태에서 홀로 군 복무 문제를 고민했던 것이다. 그런데 결국 그건 내가 누군가에게 고민을 터놓고 이야기하지 않았기에 그런 정보를 얻지 못한 것이라고 생각한다.

나는 그때 오로지 방위 산업체에 들어가 돈을 버는 것이 내가 가야 하는 길이라고 생각했다. 방위 산업체에 들어가기 위해서는 필요한 자격증을 취득해야 했다. 그래서 곧바로 학원을 알아보고 등록했다. 나는 한번 결정을 내린 후에 추진하는 데는 거침이 없다. 학원비와 생활비는 편의점과 건축 공사장 아르바이트를 하면서 충당할 수 있었다. 당시 나는 대체 복무에 대한 정보를 알게 된 사실에 감사한 마음이었고, 자격증을 취득한 후 돈을 벌면서 군 복무를 해야겠다는 생각으로 가득 차 있었다. 누군가는 이러한 정보를 접하지 못해 선택의 여지를 갖지 못했을지도 모른다. 하지만 내게는 그런 기회가 생겼고, 그것이 마냥 신기할 따름이었다.

이런 나의 간절함은 내게 새로운 현실을 열어주었다. 마침내 자격증을 취득한 후 방위 산업체에 들어갈 수 있게 된 것이다. 입사하는 과정이 쉽지는 않았다. 자격증을 취득했다고 해서 모두 받아주는 것은 아니었기 때문이다. 인원을 새로 뽑는 회사들도 그리 많지 않았고, 급여도 변변치 않게 책정한 곳들이 많았다. 나는 이왕 선택했으니 월급을 조금이라도 더 많이 받고 싶어서 여러 회사를 알아보고, 한 회사에 들어가게 되었다. 일반 회사처럼 면접을 보고 들어가서 4개월 정도의 수습 기간을 거친 후, 최종적으로 군 복무자로 결정되었다.

이렇게 우여곡절 끝에 3년 4개월간 근무하고 제대할 수 있었다. 결코 짧지 않은 기간이었다. 그렇지만 군 복무 문제를 해결하면서 금전적으로도 보상받을 수 있었기에 그 생활에 매우 만족했다. 열심히 일하면서 매달 받는 월급에서 일부 생활비를 남기고는 모두 저축했다. 그것이 나의 목표였기에 어떻게든 해내려고 노력했다. 시간과 돈을 바꾼 것이다. 오직 그 한 가지만 바라봤다. 당시에는 몰랐지만, 좀 더 나이를 먹고 되돌아보니 그때 너무 단순하게 한 가지만 바라봤던 것이 다소 아쉽기는 하다. 하지만 결코 후회는 없다. 그것으로 내 삶의 발판을 마련했다고 생각한다. 만일 그때 대체 복무의 길을 선택하지 않았다면 내 인생이 어떻게 흘러갔을지 가늠이 되지 않는다. 대학교에 복학하지 못했을지도 모른다. 그랬으면 나의 인생은 어떠한 모습으로 펼쳐졌을지….

지금은 웃으면서 생각할 수 있지만, 그때는 남들과 사뭇 다른 인생의 길을 걷게 될까 봐 불안한 마음도 컸다. 누군가에게 이런 고민을 털어놓고 이야기할 수 없었기에 더 불안하고 걱정이 되었던 게 사실이다. 하지만 그 길이 내가 살 길이라고 생각했던 것은 분명하다. 결국 그 선택은 나를 살게 만들어주었고, 우리 가족들도 살게 만든 중요한 결정이 되었다. 제대할 때가 다가오자 회사 측으로부터 좋은 조건으로 대우해줄 테니, 회사에 남아서 계속 일해달라는 부탁을 받았다. 하지만 공장에서 내 삶을 펼치고 싶지 않았기에, 의무 기간을 모두 채우고는 바로 그만두기로 결심했다.

방위 산업체에서 근무하는 동안 저축한 돈으로 가족들이 살 월세 집의 보증금을 보탰다. 그리고 남은 돈은 대학교 졸업까지의 학비로 충당했다. 남들과 다른 군 복무의 길을 선택한 것은 스스로 학비를 벌기 위한 오로지 나의 간절함에서 비롯되었다. 살기 위해 발버둥 쳐야 하는 삶이 고달팠지만, 그 과정에서 뜻하지 않은 행운을 만난 것이다. 나는 그 행운을 과감히 잡고, 날아올랐다. 그때가 내 인생이 비상하게 된 시작점이었다는 것을 글을 쓰고 있는 지금 이 순간 깨달았다. 그 시절 나에게 귀한 정보를 준 친구에게 감사하고, 그 기회를 잘 활용한 나 자신을 칭찬하고 싶다. 사람이 죽으란 법은 없는 것 같다. 간절하게 바라면 반드시 그 길은 보이게 되어 있다.

지금 당신은 얼마나
간절한가?

간절히 이루어지기를 바라는 목표가 있는가? 아니면 간절히 원하는 것들이 있는가? 만약 진정으로 간절한 것이 있다면 그것을 이루기 위한 초석은 놓인 셈이라고 할 수 있다. 마음가짐부터가 확고히 서 있지 않으면, 그 간절함은 그저 말뿐인 간절함이다. 스스로에게 물어보라. 얼마나 간절히 바라고 있는지를 말이다. 그 대답은 자신이 제일 잘할 수 있을 것이다. 스스로 "정말 간절해!"라고 말하지 못할 정도라면, 그것은 가짜 간절함이다. 진짜 간절함은 단번에 말로 쏟아낼 수 있어야 하고, 온몸으로도 표현할 수 있어야 한다. 이루고 싶은 목표를 떠올리면 자신의 모든 것을 불살라도 좋다는 의지와 각오가 충만하게 차올라야 한다.

자신이 그토록 바라는 것이라면, 그것을 내 것으로 만들기에 망설임이나 거침이 없어야 한다. 진정한 간절함을 갖고 있는 사람은 마치 아우라처럼 그 간절함이 드러난다. 진짜 간절함은 그렇다. 자신이 아무리 숨기려 해도 드러나는 것이 간절함이다. 간절함이 충만해서 끓어오르는 열정을 어찌 감출 수 있겠는가? 열정의 시작은 간절함에서 비롯된다. 불타오르는 열정은 내가 이루고자 하는 것을 반드시 성취하고 말겠다는 신념으로 이어진다.

간절함은 무엇을 이루는 데 있어 가장 기본이자 기초가 된다. 기초가 튼튼하다면 크게 흔들리지 않는다. 아무리 거센 풍파가 몰아쳐도 꿋꿋이 버텨낼 수 있다. 그만큼 이루고자 하는 마음이 크기 때문에 이겨낼 수 있는 것이다.

사람마다 갖고 있는 능력치에는 차이가 있다. 그렇지만 이러한 능력을 능가하는 것이 바로 간절함이다. 간절한 마음은 열망을 넘어서 우리의 의지와 행동을 이끌어내는 원천적인 힘이다. 이 힘은 끝없는 어둠의 터널 속에서도 우리를 앞으로 나아가게 해준다. 우리는 실패와 좌절을 겪게 되고, 때로는 모든 것을 포기하고 싶은 순간도 찾아온다. 그러나 간절함을 가진 사람은 이러한 어려움을 극복하고 다시 일어설 수 있는 힘을 자신의 내면에서 찾아낸다. 그래서 간절함과 하고자 하는 의지가 만나면, 무엇이든 이겨낼 수 있는 엄청난 힘이 만들어진다. 환상적인 조합이라고 할 수 있다. 이 두 가지는 모두 자기 안에서 만들어낼 수 있다. 단단히 마음먹고, 포기하지 않고 꾸준히 해낼 의지가 있다면 말이다. 돈이 드는 것도 아니다. 내가 하기 나름이다.

마치 작은 물방울이 모여 거대한 강을 이루고, 결국 바다에 도달하는 것과 같다. 개인의 간절한 마음도 큰 변화와 결과를 만들어낼 수 있다. 간절함은 단순한 바람이 아니라, 마음속 깊은 곳에서부터 우러나오는 진실된 열망이다. 이 열망이 강할수록 우리는 더 높은 곳을 향해 나아갈 수 있다. 그래서 간절함은 결국 우리가 원하는 목표에 도달하게 하는 성공의 원동력이 되는 것이다.

간절함은 때때로 불가능해 보이는 일조차 가능하게 만든다. 그것은 내면에서 잠자고 있는 잠재력을 깨우고, 우리가 가진 능력의 최대치를 끌어내도록 도와준다. 간절함이 깊으면 엄청난 몰입을 할 수 있다. 한눈팔 여유나 시간이 없다. 물론 간절함으로 몰입하는 것은 결코 쉬운 일이 아니다. 쉽다면 누구나 원하는 것을 얻고 이룰 것이다. 그렇기에 세상이 자신이 바라는 대로 흘러가지만은 않는다. 아주 공평하게 전개될 뿐이다. 세상의 누구라도 아무런 노력 없이 큰 결과를 얻는다는 것은 말이 안 될뿐더러 흔한 일도 아니다. 아마도 그런 일이 벌어진다면 복권에 당첨되는 것처럼 기적과도 같은 수준의 확률로서만 가능할 것이다. 이걸 알고 있으면서도 최선을 다하지 않는다면, 결국 포기하는 것과 같다. 간절한 노력 없이는 누구에게나 바라는 대로의 인생이 펼쳐지지 않는다. 깊이 명심해야 한다. 당신이 가져야 할 간절함은 그 어떤 누구도 대신할 수 없고, 오로지 나 자신만이 가질 수 있다.

자신이 얼마나 간절하느냐에 따라 쓰이는 시간의 농도가 달라진다. 내가 무엇을 어떻게 해야 하는지에 대해서도 구체적인 접근을 하게 된다. 경우에 따라서는 그 과정에서 다른 뭔가를 포기해야 할 때도 있다.

내가 얻기 위한 것에 선택과 집중을 하는 과정에서 자연스럽게 발생하는 현상이다. 모든 것에는 우선순위가 있다. 내가 간절히 바라는 것을 최우선에 두고 생각하며 행동해야 한다. 그 과정에서 잠시 내려놓아야 할 것이 있다면 망설이지 말고 즉시 내려놓는 것이 현명하다. 모든 것을 동시에 잘해나가기에는 현실적인 어려움이 있다. 결국 내가 간절히 바라는 것에 몰두하고, 열정을 다하며 꾸준히 노력한다면 그 목표에 도달할 수 있다. 그 과정에서 반드시 자신을 믿기를 바란다. 내가 나를 믿지 않으면 과연 누가 나를 믿어줄 수 있겠는가! 당신이 갖고 있는 간절함의 크기에 따라 인생이 바뀔 수 있다. 마지막으로 묻고 싶다. 지금 당신은 얼마나 간절한가?

정해진 운명을
거스르다

군 복무를 마치고 제대한 후, 그동안 모아 둔 돈은 모두 대학을 졸업하기까지의 학비로 사용하려고 했다. 하지만 그중 일부를 월세 보증금에 보태어 집을 옮겨야겠다는 생각이 들었다. 2014년 당시, 우리 집은 보증금 300만 원에 월 20만 원짜리 월세방에 살고 있었다. 가난한 살림에 우리 가족이 좋은 집에서 산다는 것은 그저 꿈에 불과했다. 그래서 내가 가지고 있는 돈을 보태어 생활 여건이 조금 더 나은 집으로 이사하기로 결정했다. 어쩌면 나는 가난하고 불우하기로 정해진 운명이었을지도 모른다. 정해진 운명을 거스른다는 것은 세상과 싸움을 해야 하는 일이었다. 나는 그 싸움판의 한가운데서 가난한 살림살이를 벗어 던지려고 안간힘을 쓰는 한 청년인 셈이었다. 좁은 골목길 안쪽에 위치한 바퀴벌레가 기어 나오는 월세방에서 또 다른 월세방으로 이사를 반복하기 시작했다. 그렇게 함으로써 가난한 운명을 받아들이지 않고 거스르려고 노력했다. 운명이라고 할 만큼 거창하지는 않았지만, 오로지 더 잘 살고 싶은 마음뿐이었다.

대학교에 복학한 나보다 여동생이 먼저 사회에 나가서 돈을 벌기 시작했다. 동생이 열심히 일해서 번 돈도 이사 비용의 일부로 보태졌다. 동생도 자신의 삶을 위해서 써야 할 돈을 기꺼이 집을 위해서 헌신했다. 가족을 위한 동생의 마음을 잘 알고 있기에 동생에게 고마운 마음이 너무나 컸다. 우리가 벌어들인 돈은 가족의 삶을 조금이나마 나아지게 하는 데 사용되었다. 매년, 조금 더 나은 환경에서 살기 위해 청년이 된 내가 부동산 중개업소에 들러 새로운 집을 찾아내고, 이사를 계획했다. 매번 이사하는 그 순간만큼은 우리 가족에게도 희망이 있음을 느낄 수 있었다. 우리 가족이 더 나은 환경에서, 더 나은 삶을 살기를 갈망했다. 그것이 바로 나의 작은 소망이었고, 세상을 향한 작은 반란이었다.

나는 우리 가족에게도 더 나은 삶을 살 자격이 있다고 생각했다. 동생과 나는 계속해서 더 나은 집을 찾아 이사를 거듭하며, 더 좋은 환경으로 바꿔나갔다. 이사를 준비하며 더 나은 조건의 집을 찾아 헤매는 내 모습은, 어쩌면 아주 작은 투쟁과도 같았다. 가난한 운명을 거스르려는, 작지만 간절한 노력이었던 것이다. 새로운 집으로 이사를 갈 때마다 잠시나마 느끼는 만족감은 나에게 큰 힘이 되었다. 그렇게 나는 동생과 끊임없이 노력했고, 조금씩 우리의 삶을 바꾸어나갔다. 가난한 살림에서 벗어나려는 노력은 끝이 없었다.

물론 이런 일들이 수월하게 진행된 것만은 아니었다. 매번 이사를 준비하고 새로운 환경에 적응하는 과정에서 겪는 어려움과 고된 노력은 나를 지치게 만들기도 했다. 특히 이사를 하는 과정에서 아버지는 왜 또 이사를 하느냐고 화를 내고, 말다툼을 하는 일도 여러 번 있었다.

나는 이사를 통해 더 이상 가난에 순응하며 살아가지 않겠다는 의지를 보여줬다. 이런 의지가 조금 더 나은 내일로 나를 데려가고 있었다. 지금와서 생각해보면, 이사는 가난한 내 운명을 거스르려는 하나의 시도였던 것 같다. 이런 시도가 하나씩 모여 더 큰 용기를 낼 수 있게 만들어줬고, 이것은 분명한 사실이다. '작은 시도조차 하지 않으면서 어찌 큰 시도를 할 수 있겠는가!' 이런 생각이 현실에 안주하지 않고 더 나은 집에서 살고자 많은 이사를 하게 해준 원동력이었다. 비록 이사할 때마다 겪는 아버지와의 갈등이나 이사 자체의 수고스러움 등으로 힘들었지만, 결코 나의 의지를 꺾지는 못했다.

어딘가에서 과거의 나처럼 너무나 힘들고, 어렵게 살아가고 있는 사람들에게 절대 포기하지 말고 조그만 노력이라도 기울이라고 꼭 말하고 싶다. 그리고 정해진 운명을 거스르고자 하는 노력은 결코 헛되지 않을 것이라는 사실을 이야기해주고 싶다. 작은 변화가 모여 큰 변화를 만들어낼 수 있다. 비록 시작은 미약할지라도, 그 끝은 창대할 수 있다. 우리 모두의 삶에서 행해지는 작은 시도와 변화가 쌓여 결국에는 지금보다 더 나은 삶을 살아가기 위한 희망의 불씨가 된다. 가난한 운명 앞에서도 용기를 잃지 않고, 더 나은 내일을 위해 계속 도전해야 한다. 운명을 거스르는 것은 간절함과 하고자 하는 의지, 그리고 끊임없는 노력에서 시작된다.

Part 1. 열정의 시작점은 간절함이다

또 한 번의 좌절

취업 후 품게 된 희망

2007년에 취업을 하면서 매월 급여도 받으니 남들과 비슷한 삶을 살아가겠다는 소박한 꿈을 꾸었다. 직장에 다니면서 비로소 밝은 미래를 생각할 수 있게 된 것이다. '이제 내 앞가림만 잘하면 된다! 나 하기 나름이니까, 나만 잘하면 되는 거야! 열심히 저축해서 결혼도 하고, 집도 사서 그저 남들처럼만 살아보자!' 이런 생각을 하며 당시의 나는 잘 살아보겠다는 굳은 의지와 간절한 마음으로 매사를 긍정적으로 생각하며 밝게 살려고 노력했다. 회사에서는 공정 엔지니어로 일하게 되었다. 생산라인에 최적화된 공정을 만드는 것이 주된 업무였다. 그 업무가 적성과도 잘 맞았기에 재미를 느끼면서 열심히 직장 생활을 했다.

사회에 진출한 이후 내 마음 한구석을 불편하게 만드는 것이 있었다. 그것은 바로 대출받았던 학자금을 갚는 것이었다. 빌려 쓴 학자금을 최대한 빨리 갚는 게 취업 후의 첫 목표였다. 목표가 있었기에 확실한 동기 부여가 되었다. 생활비를 제외한 나머지 월급을 모두 저축했다. 이제는 나 자신만 생각하면서 돈을 모으면 되었다. 아버지도 일을 하고 계셨기에 스스로의 생활비를 벌었고, 여동생도 열심히 일하면서 돈을 모았다. 이제 현실적으로 우리 집의 경제 상황이 좋아지기를 기대할 수 있었다. 돈을 모아서 집도 사고, 남부럽지 않게 살고 싶었다. 비로소 '넉넉하지는 않더라도 최소한의 삶은 누릴 수 있지 않을까?' 하고 생각했다.

다행히 나는 회사 기숙사에서 생활할 수 있어 주거비를 아낄 수 있었다. 기숙사 생활이 다소 답답하게 느껴지기는 했지만, 돈을 모으기 위해서 감내해야 하는 사소한 불편함에 지나지 않았다. 게다가 기숙사 생활이 불편함만 있었던 건 아니고, 기숙사 멤버들과 동고동락하면서 지내는 것 자체가 재미있기도 했다. 함께 운동하고, 가끔 술도 마시고, 게임도 하면서 웃고 떠들던 그때의 순간들이 떠오른다. 그리고 대부분의 직장인들이 겪는 고충들을 함께 곱씹으면서 이야기했던 기억도 아직 선명하다.

매일 비슷하게 돌아가는 일상에 점차 익숙해져갔다. 그러면서도 나는 다른 사람들과 함께 어울리며, 그들과 비슷하게 살아갈 수 있는 발판을 마련하는 데 집중했다. 돈을 벌게 됨으로써 의식주에 대한 어려움이 많이 해소된 사실이 감사하고 기뻤다. '나도 열심히 노력하기만 하면 남들과 비슷하게는 살아갈 수 있겠구나! 시간이 조금 더 걸리더라도 괜찮아. 이 정도의 삶이 어디야!' 이런 생각으로 스스로를 격려하며 작은 소망을 품

47

고 지냈다.

무엇보다 스스로 돈을 벌고, 내 의지대로 무언가를 결정할 수 있다는 것이 좋았다. 이제는 내 삶을 내가 좌지우지할 수 있고, 선택권을 갖게 된 것이 몹시 행복하게 느껴졌다. 누군가의 도움 없이 삶을 헤쳐나간다는 것이 마냥 즐겁고 보람되었다. 이렇게 하루하루 꿈과 희망을 갖고 살아가고 있었다. 그날이 오기 전까지는….

또 한 번의 시련

2009년 여름 어느 날 오후, 아버지로부터 전화가 왔다.

"지금… 일 끝내고… 집으로 가고 있는데…, 집을… 못 찾겠다…!"

바쁘게 일하고 있던 나로서는 머리를 한 대 맞은 것 같은 충격을 받았다. 아버지의 말씀이 도무지 영문을 알 수 없어서 되물을 수밖에 없었다.

"무슨 말이에요? 집을 못 찾다니? 지금 어디 계세요?"

아버지는 약간 어눌해지고 자주 끊기는 말투와 힘이 없는 목소리로 횡설수설하셨다. 무슨 일이 생긴 게 분명했다. 나는 다시 차분히 물었다.

"지금 주변에 뭐가 보여요? 보이는 게 있으면 말해보세요!"

나는 아버지가 계신 곳의 위치를 파악하려고 애쓰며 빠르게 머리를 굴렸다. 처음에는 아버지의 말이 터무니없는 이야기처럼 들리면서 황당하기만 했다. 대체 이게 무슨 일인가 싶으면서도, 분명히 뭔가 이상하다는 것을 감지할 수 있었다. 아버지는 계속 자신이 어디에 있는지 모르겠다는 말만 반복하셨다. 아버지는 아버지대로, 나는 나대로 답답해하던 중에 아버지 입에서 집 근처에 있는 가게 이름 하나가 흘러나왔다. 그제야 나는 아버지가 계신 곳을 알 수 있었다.

"아버지, 움직이지 마시고 그 자리에 그대로 앉아 계세요."

나는 그렇게 말씀드리고 우선 누군가에게 도움을 청해야겠다고 생각했다. 누구에게 연락을 하면 도움을 받을 수 있을까 잠시 생각하다가 집 근처에 살고 계신 아버지의 친구분이 생각났다. 아버지와 같이 일을 하고 계셨고, 평소에도 아버지와 가깝게 지내던 분이었기에 빨리 도움을 요청할 수 있겠다고 판단했다. 그분에게 바로 연락했다.

"아저씨, 지금 아버지가 집을 못 찾겠다고 하시는데, ○○가게 앞에 계시답니다. 잠깐 가봐주세요! 아무래도 무슨 일이 생긴 것 같아요!"

"무슨 소리를 하는 거니? 집을 못 찾는다니, 그게 말이 되는 소리냐?"

"저도 지금 무슨 일인지 도무지 영문을 모르겠어요. 얼른 그 가게 앞으로 가셔서 저희 아버지를 챙겨봐주세요. 부탁드립니다!"

"우선 알겠다. 내가 서둘러 가보마!"

얼마 후 친구분에게서 연락이 왔다.

"너희 아버지가 몸을 전혀 가누지 못하고 있어! 빨리 병원으로 모시고 가야겠다!"

"그래요? 아저씨, 그럼 아버지를 바로 병원으로 모셔가주세요. 부탁드립니다! 119를 불러 주세요! 저도 바로 갈게요!"

아버지는 친구분의 도움으로 앰뷸런스를 타고 대학병원으로 이송되었다. 병원에 도착한 아버지는 여전히 몸을 가눌 수 없는 상태였다. 나는 병원으로 가는 도중에 간호사로부터 연락을 받았는데, 뇌경색이 온 것 같으며 자세한 사항은 검사 후에야 알 수 있다고 했다. 버스를 타고 부랴부랴 병원으로 달려가 병상에 누워 있는 아버지를 보니 이게 현실인가 싶었다. 이제 가까스로 사회에 진출해서 열심히 돈 벌어 잘 살아보려고 했는데, 아버지가 쓰러지신 것이다. 아버지는 몸을 못 가눌뿐더러, 심지어 자식조차도 못 알아볼 정도로 의식이 불분명했다. 정말 하늘이 무너지는 것 같았다. 어찌 이렇게 모든 불행은 나에게만 닥쳐오는 건지! 다시 하늘이 너무 원망스러웠다.

'어려운 형편에서 벗어나 이제 좀 사는 것처럼 살아보려고 발버둥 치고 있는데, 이렇게도 안 도와줄 수 있을까! 왜 나에게 이런 가혹한 상황만 주시는 건가! 이런 일을 감당하기에는 아직 경제적인 준비가 되어 있지 않은데….'

회사에 사정을 알리고 며칠 연차를 냈다. 우선 입원한 아버지를 보살펴야 했다. 다행스럽게도 하루가 지나면서 아버지의 의식이 조금씩 돌아오기 시작했다. 그렇지만 몸 상태는 좀처럼 호전되지 않았다. 결국 뇌경색이라는 진단을 받았고, 왼쪽 팔과 왼쪽 다리는 마비되어 더 이상 아버지는 일할 수도 없었고, 정상적인 생활이 불가능한 상태였다. 뇌경색은 뇌에 있는 혈관이 막혀 해당 부위의 뇌세포 일부가 기능하지 못하게 되는 질병이다.

쓰러지기 며칠 전에 아버지가 전화로 "머리가 한번씩 핑 돈다"고 말씀하셨던 것이 기억났다. 그때 병원에 한번 가보시라고 했는데, 아버지는 평소에 겉으로 드러나는 문제가 아니면 병원을 찾아가는 분이 아니었다. 미리 조치할 수 있었던 기회를 놓친 것이 화가 나고, 아버지가 원망스러웠다.

앞으로 겪어야 할 일들이 걱정되기 시작했다. 당장 필요한 병원비에 재활치료만 최소 3~4개월이 필요한 상황이었다. 아버지는 보험을 들어놓은 것이 전혀 없기 때문에 모든 비용을 직접 지불해야 했다. 우리 가족에게는 큰 부담일 수밖에 없었다. 아버지는 한 달 정도 대학병원에서 입원치료를 받은 후, 재활전문 병원으로 옮겼다.

멀쩡하던 사람이 하루아침에 이렇게 된다는 것이 믿기지 않고, 받아들이기 힘들었다. 아버지도 한쪽 팔과 다리를 못 쓰게 된 현실을 원망했다. 재활전문 병원에 입원하고 한 달의 시간이 지났을 때, 또 다른 문제가 생겼다. 아버지가 더 이상 병원에 못 있겠다고 하신 것이다. 병원에서 재활치료를 받지 않으면 마비 증상이 호전되기 힘들었지만 병원 생활이 답답해 짜증이 나신 것이다. 몸이 호전되든 말든 그냥 집으로 가겠다며 고집을 부리셨다. 간호사로부터 연락이 왔다.

"어르신이 계속 퇴원하시겠다고 해요! 아드님이 한번 말씀드려보세요!"

"무슨 일이 있었나요? 갑자기 왜 그러시는 거죠?"

"어르신이 줄곧 화를 내시면서… 집으로 가시겠다고 하세요!"

"죄송합니다. 제가 잘 말씀드려보겠습니다!"

아버지는 막무가내였다. 무조건 집에 가겠다는 말만 반복했다. 간호사들이 만류했지만, 아버지는 고집을 부리셨다. 급기야 난동을 피우기 시작했다. 병원 측에서는 도저히 감당하기 어려우니까 어떻게 해보라는 재촉 전화가 계속 왔다. 참으로 난감한 상황이었다. 멀리 떨어져 직장 생활을 하고 있는 나로서는 통화 외의 대응이 불가능했다. 그러나 전화로는 아버지와 도저히 대화가 안 되었다. 병원 측에 민폐를 끼치고 있었기에 미안한 마음이 점점 커져갔다. 할 수 없이 급히 연차를 내고 병원으로 갔다. 아버지는 병원에 도착한 내게 집으로 가자고만 했다. 더 이상 아버지를 말리기 어렵다는 판단이 들어 며칠 동안 집에 다녀오겠다고 병원에 말했다. 결국 아버지를 모시고 집으로 가게 된 것이다.

나는 속이 상한 나머지 집에 도착하자마자 아버지를 향해 소리를 치고 말았다.

"제발 생각 좀 하세요! 왜 이런 상황을 만드시는 거예요? 왜 이렇게 자식들을 힘들게 만드시냐는 말이에요!"

아버지가 화를 내면 가뜩이나 통하지 않는 대화가 더욱더 힘들어진다. 아버지와 싸움이라도 하면 집안이 난리가 난다는 사실을 아주 잘 알고 있었지만, 그날만큼은 도저히 참을 수 없었다. 역시나 그때도 아버지는 어김없이 난리를 부리셨다.

"그래, 좋다! 내가 죽으면 네 속이 편하겠냐?"

아버지는 살고 있던 3층 집에서 뛰어내리겠다며 난리를 부리셨다. 정말 힘들고 지치는 순간이었다. 이런 상황을 맞이하면 그냥 삶이고 뭐고 모든 것을 내던져버리고 싶은 생각이 든다. 나 역시 화가 나서 부모를 원망하고 싶지만, 원망조차도 못하는 이 심정을 누가 알까? 원망해도 무엇이 잘못되고 미안한 일인지조차도 모르는 사람을 대해야 하는, 가슴 찢어지는 상황을 과연 누가 알기나 할까? 정말이지 미쳐버릴 것만 같았다. 너무 답답해 내 가슴을 있는 힘껏 내려쳤다. 답답한 심정에 소리라도 치고 싶었지만, 차마 그렇게 하지 못했다. 상황이 더 악화될까 봐…, 나는 그저 그것이 두려웠다.

가난하면 가난한 대로 소박하게 살고자 했던 것조차 나에게는 사치였을까? 취업 후에 가졌던 소박한 꿈마저도 빼앗기는 것 같았다. 어찌 나에게는 조금의 희망을 꿈꾸는 것조차 허락되지 않는 걸까…. 다행히 며칠 후 아버지를 달래서 병원으로 돌아갈 수 있었다. 병원 측에는 연신 사과하며, 아버지를 잘 보살펴달라고 부탁드렸다. 병원에서도 기꺼이 아버지를 다시 받아주었다. 나로서는 고마운 마음에 종종 음료수를 들고 가서 인사를 드렸다.

4개월 정도 재활치료를 거치자, 아버지의 상태는 처음보다 많이 호전되었다. 하지만 한번 마비가 온 팔과 다리는 누가 보더라도 불편해 보였다. 그나마 혼자서 걸을 수 있고, 식사할 수 있을 정도로 회복되었다는 것에 감사해야 했다. 사실 처음에는 그 정도까지 호전되리라는 것도 기대하지 못했는데, 보행이 불편하기는 해도 집에서 혼자 생활하기에는 충분한 정도였다. 그렇지만 일을 할 수는 없는 상태였다. 아버지는 하시던 청소 일을 그만두고, 더 이상 경제 활동은 할 수 없게 되었다.

아버지의 생활비는 매달 나와 동생이 보내드렸다. 그리고 각종 공과금들은 내가 처리하는 것으로 했다. 내 앞길만 생각하며 살기에도 벅찬데, 집까지 챙겨야 하는 상황이 된 것이다. '설상가상이란 게 이런 상황을 두고 생긴 말이로구나!' 이제 내 앞가림만 잘하면 된다고 생각하면서 작은 희망을 꿈꾸었는데, 다시 시련이 다가온 것이다. 막막한 현실을 앞두고 또 한 번 주춤거리게 되었다. 정말 한숨만 나오고, 이 상황을 타개할 방법이 보이지 않았다.

불행 중 다행인 것은 아버지의 거동이 그나마 가능하다는 것이었다. 그래서 나라에서 요양보호사를 지원해주는 제도를 이용하기 위해 신청을 했다. 일부 비용은 신청자가 부담해야 하는데, 그것은 내가 감당하기로 했다. 이렇게 해서 다행히 아버지를 돌봐주실 분이 생겼고, 가족이 아버지 옆에 붙어 있지 않아도 되는 상황이 되자 이때는 이것만으로도 매우 감사한 마음이 들었다. 누군가 아버지 옆에 계속 붙어 있어야 했다면, 정말 도저히 헤어 나오지 못하는 길로 빠져들 뻔했다.

직장에서 받는 월급만으로 집안을 일으킨다는 것은 사실상 불가능한 일이 되고 말았다. 그때의 나는 마치 끝없는 암흑의 터널 속을 걷고 있는 기분이었다. 그렇지만 이런 시련 속에서도 잘되고 싶다는 생각에는 변함이 없었다. '여기에서 포기해버리면 모든 것이 끝난다.' 이 세상에 나를 도와줄 사람은 없었다. 기필코 내 인생을 내 힘으로 잘 헤쳐 나가고 싶다는 생각은 꺾이지 않았다.

물론 힘들었다. 정말 너무 힘들고, 지쳐서 포기하고 싶은 생각이 들 때가 없었던 게 아니다. 하지만 포기한다고 해서 달라질 것이 없다는 것을 알고 있는 나는, 힘든 현실을 이겨내기 위해 하루하루 한 걸음씩 나아간 다는 생각으로 살아냈다. 나 혼자만 살겠다고 도망치지 않는 이상, 집에서 일어나는 일을 나 몰라라 할 수는 없었다. 이렇게 나는 20대 후반에서 30대 초반에 또 한 번 좌절과 절망이라는 시련을 이겨내야만 했다.

Part 1. 열정의 시작점은 간절함이다

포기하지 마라.
희망을 갖고 꿈을 꿔라

인생이 어떻게 펼쳐질지 미리 알 수는 없다. 삶이라는 여정에서는 때로 험난한 산을 넘어야 할 때가 있다. 사람들은 저마다의 고난과 역경을 겪으며 살아간다. 이런 삶 속에서 우리가 꼭 잊지 말아야 할 것이 있다. 그것은 바로 꿈과 희망을 포기하지 않아야 한다는 것이다. 삶이 힘들다고 해서 꿈과 희망마저도 포기한다면, 더 이상의 무언가를 기대할 수 없다. 꿈과 희망이란 단어는 단순히 미래를 향한 긍정적인 기대를 뜻하는 것만이 아니다. 현재의 어려움과 마주했을 때 끝까지 포기하지 않고, 맞서서 이겨내기 위한 의지와 노력을 의미할 수도 있다.

삶의 힘든 시기가 다가오면 그것을 뛰어넘을 방법을 찾아내야 한다. 비록 그 결과가 당장 눈앞에 나타나지 않더라도, 그만둬서는 안 된다. 누구에게나 피할 수 없는 고난과 역경이 찾아온다. 어떤 이들은 가난과 싸우며 하루하루를 버텨내야 할지도 모른다. 또 어떤 이들은 건강 문제, 가족 문제, 취업 문제, 직장에서의 어려움 등 다양한 형태의 시련에 직면해 고통을 받고 있을지 모른다. 이러한 상황에서는 쉽게 좌절하고 포기하고 싶은 마음이 들 수 있다. 그러나 이런 어려움을 극복하는 과정은 자신이 성장하고 강해지는 절호의 기회가 될 수도 있다.

누군가는 그냥 주저앉아 힘든 상황을 불평과 불만으로만 채워나갈 수도 있다. 하지만 또 다른 누군가는 하나의 역경과 시련이 자신을 단단하고 튼튼하게 만들 계기로 여길 수도 있다. 어려움을 겪는 과정에서 누군가는 희망을 품고 꿈을 꾸면서 살아갈 것이고, 누군가는 꿈도 희망도 없이 어쩔 수 없어서 사는 삶을 살아갈 것이다. 누가 더 나은 삶을 살고 있다고 할 수 있을까?

목표를 향해 가는 과정에서 수많은 실패와 좌절을 겪는다. 그렇기에 때때로 우리의 노력 자체가 부질없는 것이라고 느껴지기도 한다. 그러나 분명한 것은 어려움에 처한 상황에서 우리가 어떠한 자세와 태도로 임하느냐에 따라 성공과 실패가 갈라진다는 것이다. 우리는 꿈과 희망을 통해 밝은 미래를 상상한다. 그것은 우리에게 동기를 부여해주고, 삶에 대한 열정을 갖게 해준다. 그래서 꿈과 희망은 곧 우리 삶의 방향과도 같다고 말할 수 있다. 어려움에 직면할 때 앞으로 나아가게 하는 힘이 되기도 한다. 힘든 상황이 생기면 가끔 흔들릴 수도 있다. 이럴 때일수록 꿈과 희망을 지니고 있지 않다면 힘없이 무너져버릴 수 있다. 그렇기에 명확한 꿈과 희망을 갖고, 그것을 이루고 싶어 하는 절실한 마음인 간절함과 노

Part 1. 열정의 시작점은 간절함이다

력이 필수적이다.

꿈을 향해 나아갈 때는 자신에 대한 신뢰와 믿음, 그리고 사랑이 있어야 한다. 스스로를 믿고, 자신의 능력을 신뢰하는 것은 상상 이상의 힘을 낼 수 있기에 아주 중요한 부분이다.

희망은 우리에게 무한한 가능성의 문을 열어주며, 꿈은 그 길을 따라 나아가게 하는 나침반 역할을 한다. 우리가 꿈과 희망을 간직하고 있다면, 인생의 어떠한 폭풍 속에서도 방향을 잃지 않고 나아갈 수 있다. 당신의 숨어 있는 잠재력을 폭발시켜 세상 밖으로 끄집어내기를 간절히 바란다. 당신이 꿈과 희망을 끝까지 내려놓지 않는다면, 꿈으로만 머물지 않을 것이다. 그것은 반드시 현실로 이루어질 것이다. 당신이 이룰 수 없는 꿈이라고 단정 지으면, 그것은 영원히 이루어지지 않는 꿈으로만 남게 된다. 하지만 할 수 있다는 생각으로 끝까지 포기하지 않고 노력한다면, 그것은 이룰 수 있는 꿈이 된다.

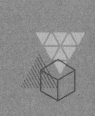

하고자 하는
의지를 갖고 도전하라

인생 첫 투자 이야기

나는 스물일곱 살, 사회에 첫발을 디딘 이후 열심히 돈을 모았다. 그러던 중 회사 선배들이 삼삼오오 모여서 주식 거래에 대해 이야기하는 것을 보게 되었다. 생각보다 많은 사람들이 주식에 몰두하고 있다는 것을 알게 되었고, 그것이 나를 주식의 세계로 이끌었다. 자세히는 모르겠지만 다들 월급 외에 얼마씩의 부수입을 올리는 것 같았다. 나 또한 주식으로 조금의 경제적 이득을 얻을 수 있지 않을까 하는 막연한 기대감이 들었다. 솔직히 누가 얼마의 수익을 올리거나 잃는지도 잘 모르는 상태에서 단순하게 남들이 하는 것에 관심을 가졌던 것이다.

정해진 급여 외에 또 다른 수입이 생긴다는 것은 생각만 해도 즐거운 일이었다. 주식을 하는 사람들이 모두가 돈을 벌고 있다고 크게 착각한 상태에서, 큰 자금이 없어도 누구나 주식에 접근이 가능하다는 것에 흥미를 느꼈다. 이렇게 쉽게 주식에 접근해서 돈을 벌 수 있다고 생각한 것이 큰 오판이 될 줄을 그때는 미처 몰랐다.

　다음 해 연말에 본격적으로 증권계좌를 개설했다. 당시 리먼브라더스 사태로 인해 주가가 상당히 떨어진 상태였다. 이때 주변 사람들은 주식이 떨어졌을 때가 기회라고 너도나도 주식을 해야 한다고 말하던 시기였다. 나도 그동안 열심히 모아두었던 자금으로 주식 투자를 시작했다. 그런데 이게 웬일인가? 처음부터 운이 좋게 몇 달치 월급에 해당하는 금액을 쉽게 벌었다. 이런 상황이 놀랍고 기쁘기만 했다. 이런 운 좋은 결과를 처음부터 얻자 나 혼자서 끝없이 즐거운 상상을 하게 되었다. '와! 이렇게 수익이 나기만 한다면 금방 돈을 모을 수 있겠다. 이런 상태로 월급 외에도 주식으로 수익이 계속 난다면 얼마나 좋을까!'

　그러나 그 기대는 오래가지 못했다. 점차 수익이 줄기 시작한 것이다. 그래도 만회할 수 있다고 믿었지만 결코 호락호락하지 않았다. 그때 많은 것을 깨달았다. '세상에서 쉽게 돈을 벌 수 있다고 생각한 것은 순진한 나의 착각이었구나!' 쉽게 돈을 벌겠다고 덤빈 나의 욕심이 화를 자초한 것이었다. 잠깐 운이 좋아 수익을 볼 수 있었겠지만, 그것이 지속적으로 이어지기가 힘들다는 것을 비로소 알게 된 것이다.

　하지만 한번 시작된 주식 거래의 여정을 쉽게 끝낼 수 없었다. 수익이 점점 떨어져 초기 자금마저 잃어가기 시작했다. 마음이 답답하고, 불안감이 커져만 갔다. 마음이 급해지니, 단타까지 하게 되었다. 단타에 초단타까지 해서 수익을 회복하고 싶었지만 상황은 좀처럼 좋아지지 않았다. 결국 원금에서 많은 손실을 봤고, 후회가 밀려왔다. 원금만은 어떻게든 만

회하고 싶었다. 이때 나 자신에게 다짐하며 결심했다. '원금만 회복하면, 앞으로 주식은 하지 않겠다!'

이런 생각을 갖고 간절한 마음으로 원금이 회복되기를 기다렸다. 그래서 단타는 더 이상 하지 않기로 하고, 손실이 큰 종목들의 금액이 회복될 때까지 시간을 갖고 기다리기로 했다. 다만 금액이 떨어지면 더 사들이는 것을 반복했다. 매수 단가를 낮추는 작업을 계속했던 것이다. 이런 과정을 반복하면서 어느덧 1년 가까운 시간이 흘렀다. 오랜 시간 인내하면서 기다린 결과, 다행스럽게도 나에게 봄날이 다시 찾아왔다. 보유하고 있던 종목들이 손실에서 벗어나 원금이 조금씩 회복되면서 어느 정도 마음의 안정도 되찾았다. 이때 나는 스스로에게 반복해서 다짐했다. '딱 원금만 회복되면 주식에서 손을 떼자. 앞으로 주식은 절대 안 할 거야!'

사실 주식 거래를 하는 동안에는 삶이 행복하지 않았다. 매일 휴대폰으로 주식 상황을 살펴야 했다. 그리고 주식이 오르고 내림에 따라 내 기분도 변화되었다. 이런 삶을 반복하고 싶지 않았다. 간절히 기다린 끝에 마침내 원금을 회복할 수 있는 시기가 왔다. 그 시점에서는 한번 오르기 시작한 주식 가격이 계속 오르는 흐름이었다. 그러자 결심했던 마음이 흔들리기 시작했다. 조금만 더 가지고 있으면 원금 회복을 넘어 수익까지도 바라볼 수 있겠다는 생각이 들었다.

'조금만 더 가지고 있을까? 2년 가까이 주식을 했는데, 수익은커녕 겨우 원금 회복이라니…. 억울하다! 그래도 최소한의 수익이라도 거두어야 하는 것 아닌가?' 내 자신과 한 약속을 두고 갈등하기 시작했다. 그때까지 들인 시간과 노력이 몹시 아까웠다. 그러나 스스로 다져 온 결심을 생각하고, 초심을 잃지 않기로 결정했다. 그동안 얼마나 간절히 원금이라도 회복되기를 기다렸는데, 상황이 바뀌었다고 해서 욕심을 갖는 나 자신을 컨트롤하기 시작한 것이다. 혼잣말을 했다. "이날을 얼마나 기다렸는데, 다시 주식의 세계로 나 자신을 밀어 넣겠다니 제정신이냐? 아니야, 오랜 시간을 겪어본 것만으로도 충분하다. 이제 욕심을 부리지 말자!"

내적 갈등 끝에 최종적으로 원금을 회수하고 더 이상 주식 거래를 하지 않기로 결정했다. 주식의 세계는 내가 원하는 삶의 방향과는 맞지 않는다고 결론을 내린 것이다. 사람마다 행복의 기준이 다르겠지만, 나에게는 주식 거래가 행복하지 않은 삶으로 나를 끌어들인다는 느낌이 들었다. 막상 그렇게 결정하고 나니, 속이 후련했다. 이제 휴대폰 화면에 얽매이지 않고, 조마조마하지 않아도 되기에 아주 좋았다.

이렇게 해서 나의 인생 첫 투자 이야기는 막을 내렸다. 2년이라는 시간 동안 주식 거래를 하면서 반복되는 희로애락에 사로잡혀 있었던 것은 아주 귀중한 경험이 되었고, 나를 한층 더 성숙하게 만들어주는 계기가 되었다. 이때 이후 10년이 넘도록 나는 주식을 하지 않고 있다. 장기 투자에는 관심이 가지만, 예전처럼 단기성 투자는 도박과도 같다는 생각이 든다. 이것도 중독될 수 있기에 나 자신에게는 독이 될 것만 같다. 그래서 여전히 조심스럽다.

Part 2. 하고자 하는 의지를 갖고 도전하라

부동산 투자는 나에게
필연적인 운명

주식에 많은 시간과 노력을 기울였지만 쓰디쓴 맛을 보고서야 손을 뗀 후, 잠시 생각을 정리하는 시간을 보내고 있었다. '어떻게 하면 빠르게 부를 쌓을 수 있을까? 나에게 그런 기회는 오지 않는 것인가? 나와 잘 맞는 투자 방법에는 어떤 것이 있을까?' 골똘히 이런 생각을 하며 고민에 빠지곤 했다. 그렇게 기회가 오기만을 바라면서, 열심히 회사 생활에 임했다. 그런데 점차 회사에서 받던 월급만으로는 부족하다고 느끼면서, 좀 더 큰 직장으로 이직을 결심했다. 그러던 중 너무나도 운이 좋게 대기업으로 이직할 기회가 생겼다. 열심히 일하면서 살아가다 보니, 인생에 또 다른 도약을 위한 기회가 찾아온 것이다. 대기업으로 이직 후 급여, 복지, 근무환경, 식사 등 회사 생활의 모든 것이 만족스러웠다. 이런 좋은 조건과 환경 속에서 일하는 만큼 열심히 하는 것은 기본이라고 생각했다. '이왕 할 거면 잘하자'가 나의 신조였기에 맡은 업무를 수행하기 위해 부지런히 움직이며 일에 몰입했다.

그러던 어느 날, 우연히 회사 동료가 아파트 청약에 당첨이 되었는데 프리미엄을 붙여 그 아파트를 팔려고 한다는 이야기를 듣게 되었다. 그 이야기는 당시 나에게 굉장히 신선한 정보로 다가왔다. 2011년, 서른한 살의 나이에 나는 그렇게 부동산 투자를 처음 접하게 된 것이다. 당시 내 주변 친구 중에는 부동산 투자에 관해 알고 있는 사람이 아무도 없었다. 주변 누구와도 부동산을 주제로 대화를 해본 적이 없었다. 그래서 아파트 청약이니 프리미엄이니 하는 것은 완전 신세계의 언어처럼 느껴졌다. 왠지 나에게 새로운 기회가 다가온 것으로 느껴졌다. 주식 거래와는 또다른, 우직한 느낌이랄까… 한동안 그토록 찾고 있던 것이 바로 부동산 투자인지도 모른다는 생각이 내 정신을 번쩍 들게 했다. 그것은 간절히 바라고 있던 나에게 운명처럼 다가온 소식이었다. 하루빨리 부동산에 대해 알고 싶어졌고, 나에게 다가온 새로운 기회로 붙잡고 싶었다.

나는 회사 동료의 이야기를 건성으로 듣지 않았다. 그때 들은 이야기가 결국 나를 부동산 투자의 세계로 이끈 계기가 된 것이다. 그 시기에는 단순히 신혼집에만 관심이 있었지, 아파트 투자에 대해서는 전혀 생각해본 적이 없었다. 지금은 20대, 30대들도 부동산 투자에 관심이 많지만, 그 당시에는 서른한 살 청년이 부동산에 관심을 갖는 경우는 그리 흔하지 않았다.

동료에게 어느 아파트에 당첨되었는지, 청약이라는 게 무엇이고 어떻게 가입하는 것인지 등을 질문하면서 이야기를 나누었던 기억이 난다. 나는 곧바로 주택 청약에 대한 공부를 시작하고, 청약 통장을 만들었다. 나는 뭐든지 마음먹으면 바로 시작하는 성격이다. 언제 어떤 아파트를 청약하게 될지는 모르지만, 우선 청약 조건부터 만들어놓자고 판단한 것이다. 젊은 나이에 청약 통장을 만드는 경우는 대부분 부모님의 영향이 크다. 하지만 나는 우연한 기회에 관련 정보를 알게 된 것이 행운이라고 생각했다. 그것은 내게 참으로 감사한 일이었다.

청약 통장을 만들고, 당시 분양 중인 아파트의 모델 하우스를 직접 방문해보았다. 처음 가 본 아파트 모델 하우스는 깨끗한 집 한 채를 그대로 옮겨놓은 듯해서 신기하고 재미있었다. '이런 집에 사는 사람들은 얼마나 좋을까! 나는 언제쯤 이런 집을 가질 수 있을까?'

마냥 부러우면서도 나와는 거리가 먼 일로만 느껴졌다. 회사에서 받는 월급만으로 새 아파트를 장만하려면 엄청난 기간이 필요하다는 계산이 머릿속에 맴돌았기 때문이다. 모델 하우스에서 분양 담당자들과 이야기를 나누면서 아파트 청약에 대한 정보를 얻을 수 있었다. 그리고 자연스럽게 모델 하우스 주변에 나와 계시는 부동산 중개업소 소장님들과도 이야기를 나누었다. 아파트 청약에 당첨되면 높은 가격에 팔아주겠다는 이야기도 들었다. '이렇게 아파트를… 프리미엄을 주면서 사고팔고 하는구나!' 나의 눈에는 마냥 신기한 곳이었고, 누군가에게는 인생의 기회를 제공해주기도 하는 곳이라는 생각이 들었다.

지금은 자본주의 시장에서 발생하는 당연한 현상이라고 생각한다. 이런 것을 처음 접한 당시 나로서는 부동산이야말로 기회의 시장이라고 생각하게 된 하루였다. 부동산 소장님들은 젊은 청년이 일찍 부동산에 관심을 가졌다고 칭찬해주셨다. 자기 자녀들은 부동산에 관심을 가지라는 말을 해도 듣지 않는다고 푸념하는 분도 계셨다. 많은 분들이 자신의 이야기를 흥미롭게 경청하는 나를 기특하게 생각하면서, 많은 것을 알려주려고 하셨다. 이런 과정에서 나와 소중한 인연을 맺은 소장님들도 계셨다. 그분들과는 종종 궁금한 것이 있을 때 전화를 통해 상담하면서 친분을 쌓을 수 있었다. 때로는 부동산 중개업 사무실로 찾아가서 아파트 투자에 대한 내용을 보다 상세히 들을 수 있었고, 최신 정보도 많이 접할 수 있었다. 열심히 하고자 하는 사람에게는 도움을 주려는 사람들이 생긴다. 만일 내가 적당한 관심 정도만 갖고 멀리서 지켜보기만 했다면, 그분들로부터 구체적이고 실질적인 도움을 받지 못했을 것이다.

부동산에 관한 이야기들은 들으면 들을수록 정말 재미있었다. 나하고는 찰떡같이 잘 맞는다고나 할까. 아파트 투자에 대해 더 많이 알기 위해 인터넷으로 정보도 찾고, 공부도 열심히 했다. 주말이면 여러 모델 하우스를 방문해서 각종 정보를 들을 수 있었다. 그럼으로써 아파트 투자의 생태계를 이해할 수 있었고, 그러는 가운데 언젠가 나에게도 기회가 오기만을 기다렸다.

첫 청약에서 당첨된 행운

2012년 대구에서 신축한 아파트를 분양한다는 소식을 접했다. 나는 이미 청약 조건을 충족해놓았기에, 반드시 그 기회를 잡아야겠다고 마음먹고 청약을 넣기로 했다. 그런데 청약 신청을 했다가 당첨되면 그 계약금은 어떻게 마련하나 하는 걱정이 되었다. 첫 청약 도전이라서 기대감은 높지 않았지만, 한편으로 가지고 있는 돈이 없다는 게 문제였다. 결혼 1년 전에 신혼집을 미리 사놓기 위해서, 가지고 있던 돈을 모두 써버렸기 때문이다. 결혼 전에 미리 아파트를 사두고, 1년 정도는 월세 수익을 얻으려는 결정이었다. 그때는 '선당후곰(일단 당첨부터 되고 난 후에 고민하라는 신조어)'이라는 말도 없었고, 주위에 아파트 청약과 관련한 이야기를 나눌 만한 상대가 없었기 때문에 온전히 혼자서만 고민했다.

그런 상황에서 '죽이 되든 밥이 되든' 해보자는 심정으로 청약에 도전하기로 결심했다. 말 그대로 저질르고 보자는 식이었다. 그래서 해당 아파트의 모델 하우스에 가서 청약 신청을 하려는 사람들의 분위기와 상황을 살폈다. 그러다가 청약 신청을 할 때는 일반적으로 인기 타입에 신청자가 몰리는 경향이 강하다는 것을 알게 되었다. 나는 우선 청약에 당첨되는 것이 중요하다고 생각했기 때문에 청약 당첨 확률을 높이기 위해 나름의 전략을 세웠다. 바로 비인기 타입을 목표로 청약 신청을 넣기로 한 것이다. 우선 당첨이 되어야 고민이고 뭐고 할 기회가 생길 것이 아닌가! 아무리 여러 번 청약을 넣어도 당첨이 안 된다면 아무런 의미가 없다고 생각했다. 그런데 이 전략이 적중했다. 내가 신청한 타입은 청약률이 낮았고, 참으로 신기하게도 첫 청약 도전에서 당첨된 것이다!

나에게 그런 행운이 찾아온 사실이 너무나 놀랍고 기뻤다. 청약률이 낮은 타입을 집중적으로 공략하자는 전략이 통한 것이다. 나름의 생각을 실천으로 옮겼기에 가능한 일이었다. 무엇인가를 이루고자 할 때, 말이나 생각에만 그치는 경우가 많다. 하지만 나는 오직 당첨만을 생각하면서, 결정한 것을 그대로 실천했다. 그 결과, 생각지도 못한 인생 첫 청약 도전에서 당첨되는 결과를 얻은 것이다.

당첨의 기쁨도 잠시, 계약금을 마련해야 하는 상황에 직면했다. 비인기 타입이기는 했지만, 앞이 탁 트여 좋은 조망에 로열층에 당첨되었다. 당첨 결과가 발표된 직후부터 사겠다는 사람이 있다고 부동산 소장님들에게 연락이 왔다. 소장님들은 초기에 팔아서 조금의 수익이라도 챙기라고 나에게 매도를 권했다. 하지만 타입을 떠나서 조망권이 좋은 데다 로열층이라는 장점을 좀 더 크게 생각해, 곧바로 매도하지 않는 방향으로 선택했다. 초반에 낮은 가격을 받고 바로 파는 것은 아깝다고 판단해, 일단 계약을 한 후에 보다 높은 금액을 받으며 팔기로 결정한 것이다.

계약금은 나중에 이익이 발생하면 용돈을 두둑이 챙겨 돌려주기로 약속하고 동생에게 빌려 납부했다. 시간이 지나면서 차츰 그 아파트의 가치가 올라가기 시작했다. 기다린 보람이 있었다. 그런데 아파트를 통해 수익을 보는 것이 처음이라서 매도에 대한 기준이 없었다. 어느 정도 선에서 매도해야 할지 많이 고민되었다. 여러 명의 부동산 소장님들과 현재의 매수 상황 및 앞으로의 전망에 대해 많은 이야기를 나누었다. 의견들은 다양했다. 그래서 더욱더 판단을 내리기 어려워 혼란이 생기는 경우도 있었다. 가끔 여러 부동산 중개소 소장님으로부터 내가 계약한 물건을 사려는 사람이 있으니 팔지 않겠느냐고 의견을 묻는 전화가 왔다. 하지만 기대치 이하로 싸게 팔고 싶지는 않았다.

점차 시간이 흘러 분양권의 가격이 줄곧 상승하고 있던 어느 날, 부동산 중개업소에서 연락이 왔다. 몇 천만 원의 프리미엄을 붙여 거래하고 싶다는 연락이었다. 나에게는 정말 큰돈이었다. 그래서 드디어 때가 되었다고 생각하고, 매도하기로 결정했다. 분양권 당첨 한 번에 몇 천만 원을 벌게 된 것이다. 이것이 나의 첫 아파트 첫 청약과 첫 매도 경험 이야기다. 아마도 회사 동료의 청약 이야기를 흘려들었다면, 내 인생에서 부동산 투자의 시작점이 늦어졌을지도 모른다. 그 이야기를 듣고 무작정 해보기로 마음먹고, 실행으로 옮겼기에 가능했던 일이었다.

노력이 재능을
뛰어넘다

노력은 인간이 지닌 재능 중 가장 큰 재능이라고 나는 생각한다. 노력의 중요성을 모르는 사람은 없다. 하지만 포기하지 않고 끝까지 노력하는 사람은 소수다. 그래서 끝까지 노력하는 사람에게는 성공이란 달콤한 열매를 수확할 자격이 주어지는 것이다. 단순히 노력의 중요성을 강조하는 것을 뛰어넘어, 노력은 성공하기 위한 필수적인 요소라고 강조하고 싶다. 재능은 타고난 능력을 의미한다. 어떤 사람들은 특정 분야에서 뛰어난 재능을 가지고 태어난다. 그렇지만 재능만으로는 성공을 보장받을 수 없다.

노력은 목표를 달성하기 위해 끊임없이 시간과 에너지를 투자하는 것을 의미한다. 그것은 자신의 선택과 의지에 따라 달라진다. 재능이 자연스럽게 주어진 것이라면, 노력은 온전히 자신이 만들어가야 하는 것이다. 그런데 의지를 강하게 지니는 일이 어려울 수 있다. 사람에게는 쉽고 편하게 살아가고 싶은 본능이 있다. 이런 본능을 거슬러 목표를 향한 의지력을 굳건하게 유지하는 것은 힘들고 고통스러운 일이다.

재능이 있다고 노력을 기울지 않으면, 그 재능은 꽃을 피우기 힘들다. 반대로 평범한 사람이라고 해도 노력을 통해 엄청난 결과를 만들어낼 수 있다. 노력의 시간은 점점 누적되면서 결국 엄청난 성과로 이어진다. 때로는 노력이 우리 자신의 한계를 뛰어넘고, 자신이 생각지도 못했던 일들을 만들어내기도 한다. 노력의 시간과 정도에 따라 그 결과는 완전 달라질 수 있다.

많은 사람들은 노력 없이 큰 결과를 얻기를 바란다. 노력 없이 좋은 결과를 바란다는 것은 욕심에 불과하다. 이것은 확실한 진리다. 성공한 사람들은 엄청난 노력을 기울였다. 그 결과 그 자리에까지 갈 수 있었다. 이런 엄청난 노력에 대한 이야기를 들으면, 벌써 자신감을 잃는 사람들도 많다. '과연 나도 성공한 저 사람처럼 할 수 있을까?' 이런 의문을 가질 수도 있다. 사실 성공한 사람들도 애초에는 평범한 사람으로 출발해서 그 위치에까지 가게 된 것이다. 평범했던 그들도 하루하루의 노력을 더함으로써 그런 결과를 만들어낸 것이다. 이것 한 가지는 명심해야 한다. 세상에 대단한 사람들도 우리와 별반 다르지 않은 사람이었다는 것을 말이다. 처음부터 성공을 논할 수는 없다. 다만 인내하면서 노력한 결과, 성공이란 단어를 논할 수 있게 되는 것이다.

전 축구 국가대표 이영표 선수는 중학교 시절 자신보다 재능이 뛰어난 선수들이 많아서 항상 열등감에 사로잡혀 있었다고 한다. 하지만 포기하지 않고, 무려 10년 동안 하루도 빠짐 없이 개인 훈련을 할 만큼 의지력이 그 누구보다도 강했다. 어느 날 문득, 야간 훈련 도중 자신은 땀을 뻘뻘 흘리면서 운동 중인데, 열심히 노력하지 않고 방에서 편하게 TV를 보고 있는 팀원들은 이미 국가 대표로 선발된 선수들이라는 것을 깨달았다. 그런 생각을 하자 갑자기 눈물이 왈칵 쏟아졌다고 한다. 아마도 자신은 열심히 노력했는데도 불구하고, 재능이 있는 사람들을 넘어설 수 없다는 생각이 들었을지도 모른다. '나같이 재능이 없는 사람은 아무리 노력해도 안되는구나!'라는 생각이 들어 눈물을 흘렸다고 한다. 하지만 절망하지 않고 하루하루 자신의 루틴대로 훈련을 해나가던 중 올림픽 대표팀에 차출되었다는 연락을 받게 되었다. 그렇게 선수로 뛴 지 10년 만에 처음 올림픽 대표가 된 이영표 선수는, 그 후 10년 동안 단 한순간도 축구 국가대표의 주전 자리를 내주지 않았다고 한다.

이영표 선수는 오랜 세월 동안 단 하루도 빠지지 않고 훈련을 거듭하는 노력을 쏟으면서 마치 바위처럼 단단하게 스스로를 단련했을 것이다. 이러한 노력이 곧 재능을 뛰어넘게 만든다. 재능이 없는 사람들에게도 성공할 수 있는 기회를 제공해주는 것이 노력이다. 다만 성공의 기회를 잡으려면 보통의 사람들보다 훨씬 더 많은 노력이 동반되어야만 한다. 재능이 없는데, 보통의 사람들과 비슷한 수준 정도로 노력한다면 보통 사람들과 달라질 것이 없다. 일반적으로 노력의 결과는 3년 뒤부터 서서히

Part 2. 하고자 하는 의지를 갖고 도전하라

나타나기 시작한다고 한다. 매일매일이 힘들고 지칠 수도 있지만, 노력의 결과가 즉시 나타나지 않는다는 것이 노력이 지닌 함정이다. 사람에 따라 쏟아부은 노력의 정도 차이로 인해 결과가 돌아오는 시점이나 성과의 크기가 달라지겠지만, 기울인 노력의 결과는 반드시 돌아온다. 결국 이영표 선수도 본래는 지극히 평범한 사람이었다는 것이다. 그가 노력에 노력을 더해서 최고의 자리에까지 갈 수 있었다는 것을 꼭 유념하고 기억해야 할 것이다.

레버리지는
내 인생의 지렛대

많은 사람들이 살아가면서 한두 번씩 금융기관에서 대출을 받는 경험을 하게 된다. 대출에는 주택담보대출, 전세자금대출, 신용대출, 사업자대출 등 다양한 종류가 있다. 특히 자본금이 부족할 경우 불가피하게 대출을 이용해야 하는 경우가 많다. 나에게 있어서 대출이라는 레버리지(기업이나 개인사업자가 타인의 자본을 지렛대처럼 이용해서 자기자본의 이익률을 높이는 것을 말하는 경제용어)는 인생의 지렛대 역할을 톡톡히 해줬다. 만약 내가 그 레버리지를 활용하지 않았다면 나의 인생은 지금과는 사뭇 다른, 지금보다는 훨씬 부족한 삶을 살아가고 있을지도 모른다. 그만큼 나에게 있어서 레버리지 활용은 가난했던 삶에서 도약할 수 있는 발판을 마련한 마법과도 같은 것이었다.

나는 사회에 진출해서 열심히 일하며 돈을 벌었지만, 결혼비용이나 주택 자금을 스스로 마련한다는 것이 쉽지 않았다. 하지만 스스로 모든 것을 해내야만 했기 때문에 차곡차곡 돈을 모아서 그 문제들을 해결해나갔다. 결혼하기 1년 전에 미리 신혼집을 1억 1,000만 원에 사서 1년 동안 월세를 주고, 리모델링을 한 후 입주해서 살게 되었다. 미리 사놓은 아파트의 가격이 시간이 지나면서 꽤 상승했다. 신혼집을 살 때 8,000만 원이나 대출을 받았기 때문에, 거의 대출금으로 집을 산 상태라고 봐도 무방했다. 그래서 대출금 상환에 대한 심리적인 압박감을 늘 가지고 있었다. 그런 상황에서 나에게는 돌파구가 필요했다. 도무지 그 많은 대출금을 언제 갚고, 집을 온전한 나의 소유로 만들 수 있을지 생각하면 앞이 안 보이고 캄캄하기만 했다. 마치 안개 속을 헤치고 나아가는 것 같다고나 할까….

그러던 어느 날 아파트 엘리베이터 벽에 붙은 대출금 소개 전단지를 보게 되었다. 살고 있던 아파트를 담보로 받을 수 있는 대출금이 처음에 내가 받은 대출금보다 더 늘어났다는 것을 알게 된 순간이었다. 바로 대출 업체에 연락해서 전단지로 홍보한 내용을 확인해보았다.

"여보세요, ○○○아파트 관련해서 대출금을 알아보려고 연락드렸습니다. **평형이면 얼마까지 대출이 가능한가요? 이미 8,000만 원의 대출금이 있습니다만…."

"최근에 아파트 가격이 상승한 걸 감안하면, 3,000만 원 정도 더 대출해드릴 수 있습니다."

"이미 8,000만 원을 대출받은 상태에서 3,000만 원을 더 대출받을 수 있다는 말씀인가요?"

"네, 바로 3,000만 원을 더 대출해드릴 수 있습니다."

이렇게 해서 나는 신혼집을 담보로 해서 3,000만 원의 추가 대출이 가능하다는 것을 처음으로 알게 되었으며, 그것을 하나의 기회로 삼고 싶었다. 바로 아내에게 그 이야기를 하며 의논했다. 그런데 아내의 반응은 냉담했다.

"왜 대출을 더 받으려는 거야? 지금도 거의 대출금으로 집을 산 상태인데, 대출을 더 받겠다고? 그걸 어떻게 감당하려고 그래?"

아내의 걱정은 이미 예상하고 있었다. 하지만 평범한 직장인의 월급으로 생활비 쓰고, 대출 이자 갚고 나면 별로 남는 것이 없었다. 단순히 생활비를 아껴서 저축하는 것만으로는 내가 바라는 삶을 이루기에 턱없이 부족했다. 아내도 결혼 후 얼마 안 되어 직장을 그만두고 전업주부가 된 상황이었다. 물론 가족들의 기본 생활을 유지하는 데는 월급만 가지고도 별문제가 없었다. 하지만 좀 더 나은 삶을 살기에는 경제적으로 부족함을 느꼈다. 그래서 투자는 나에게 더욱 희망의 끈과도 같다는 생각이 들었다.

어느 날 아내에게 말했다.

"추가 대출을 꼭 받아야겠어! 지금 월급을 받아서 언제 대출금을 갚고, 언제 더 큰 평수로 이사를 갈 수 있겠어? 현실적으로 지금의 직장 생활로는 불가능해! 어렵게 생각할 것도 없어. 계산기만 몇 번 두드려봐도 바로 답이 나오잖아!"

하지만 아내는 삶의 안정에 보다 높은 점수를 두고 사는 편이었다.

"그렇기는 하지만 이제 막 출발한 시점에서 그렇게 무리할 필요가 있어? 지금도 우리는 충분히 행복하게 잘 살고 있는데, 꼭 투자를 해야 하는지 모르겠어. 남들도 우리처럼 다들 대출금 갚으면서 열심히 살고 있잖아!"

"그래…, 당신 말이 맞아. 지금도 우리는 충분히 행복하게 잘 살고 있지. 하지만 지금보다 더 잘 살려고 노력해보자는 거야! 그리고 나는 이런 노력을 하지 않으면 별다른 답이 없는 사람이야! 어디 기댈 곳도 없고, 도움을 받을 곳도 없잖아… 오로지 우리 힘으로 해내야만 해! 그렇다고 월급만 바라보며 살기에는 저축도 얼마 할 수 없고…."

"그거야 나도 잘 알지만 걱정이 앞서는 걸 어떻게 해. 아무튼 오빠의 의지가 그렇게 강하니까… 나도 끝까지 반대하기 힘드네. 그렇게 해보고 싶다는데, 이왕 할 테면 잘 알아보고 열심히 해봐!"

처음에는 완강하게 반대하고 걱정만 하던 아내도 우리가 처해 있는 상황과 미래에 대해서 많은 이야기를 하며 설득하는 나의 강력한 의지를 확인하고는 결국 동의해주었다. 우리 가족이 잘 살기 위해 부단히 노력하는 내 모습을 긍정적으로 생각해준 것이다.

그리하여 나는 추가 대출금을 받아서 또 다른 아파트에 투자할 수 있었다. 다행스럽게 투자한 아파트의 수익은 눈덩이처럼 크게 나에게 돌아왔다. 그 일을 계기로 대출에 대한 거부감이 상당히 줄기 시작했다. 오히려 대출을 더 많이 받을 수 없는지 알아보기 시작했다. 매번 투자할 때마다 투자금을 조금씩 키워서 더 좋은 입지의 아파트에 투자했고, 거기에서 한 걸음 더 나아가 동시다발적으로 여러 곳에 투자하기 시작했다. 그때마다 많은 대출을 일으켜서 활용했다. 때로는 회사와 연계된 대출, 개인 대출, 보험 약관대출 등 다양한 방법을 모색해서, 가능한 모든 대출을 활용하려고 노력했다. 대출 이자는 전혀 무섭지 않았다. 수익이 훨씬 크기 때문에 각종 대출 기회를 모두 이용했다.

만약 투자하려고 할 때 레버리지가 없다면 투자금이 적은 사람으로서는 절망감을 느낄 수밖에 없다. 나는 레버리지를 활용함으로써 소형 아파트에 투자할 수 있는 자금으로 더 큰 평수의 아파트를 선택해 투자할 수 있었다. 그리고 투자 시에 보다 입지가 좋고, 투자 가치가 높은 아파트를 선택할 수 있었다. 지금에 와서 생각해보면 레버리지를 극대로 활용했던 것 같다. 이자가 무서워서 레버리지를 활용한 투자에 적극적으로 움직이지 못하는 사람들을 많이 봤다. 하지만 나에게 레버리지는 기회를 가져다주었다. 이자 앞에서 그 기회들을 놓치고 싶지 않았다.

물론 투자도 어디에, 어떤 것에 하느냐에 따라 결과가 천지 차이로 다르게 나타난다. 하지만 나는 지렛대 효과를 누리지 않는 것에 대해 아깝다고 생각한 것이다. 투자한다고 해서 모두 잘된다는 보장은 없다. 그렇기에 확신을 가지고 투자할 곳이 있다면, 레버리지는 필수적으로 필요하다고 생각한다. 이런 생각이 내 투자 전략의 기본 바탕이 되면서 투자할 때마다 보다 많은 레버리지를 일으키기 위해 노력했다. 결국 내가 활용한 레버리지는 나의 인생을 들어 올려주는 지렛대 역할을 했다.

할 수 있다는 생각이
방법을 찾게 만든다

외국계 기업에 다닐 때의 이야기다. 팀에서 프로젝트를 진행할 때 가장 먼저 나오는 의견이 '어렵다', '안 된다', '나는 못 하겠다'라는 말들이었던 게 기억난다. 일을 시작하기도 전에 안된다, 못 한다는 의견이 나온다면, 과연 그 일이 잘 해결될 가능성이 있을까?

사실 포기해버리는 순간, 가능성은 0%가 되는 것이다. 그리고 안된다고 생각하는 순간, 계속 안 되는 핑곗거리만 찾게 된다. 그러나 반대로 할 수 있다고 생각하는 순간, 방법을 찾게 되어 있다. 무슨 일을 하든지 항상 부정적으로 생각하는 사람과 긍정적으로 생각하는 사람으로 나뉜다. 확실한 것은 무슨 일을 하든지 긍정적인 사람들이 큰일을 해낼 수밖에 없다는 것이다. 이들은 어떻게든 방법을 찾기 위해 안간힘을 쓸 테니까 말이다.

예전에 기술팀의 공정 엔지니어들 대다수가 하고 싶어 하지 않았던 최신 공정 업무를 맡아서 진행했던 경험이 있다. 최신 공정은 기존의 공정에 비해 아직 안정화되지 않은 상태였기 때문에 팀 내 엔지니어 모두가 그 업무를 맡지 않으려고 했다. 그래서 최신 공정은 목표 수율보다 턱없이 부족한 수율을 낼 수밖에 없는 상황이 오랫동안 지속되었다. 그렇기 때문에 최신 공정에 대해 신속하게 안정화 작업을 하는 것은 회사 차원에서의 당면 과제였다.

이런 작업에 투입된 공정 담당자들은 아무리 노력해봐도 칭찬은커녕 질책을 받기 십상이었다. 회사 측에서는 빠르게 최신 공정의 안정화를 도모해 수익을 얻기를 희망했다. 그래서 기술팀으로서는 사활을 걸고 진행해야 하는, 마치 고난의 행군과도 같은 일이었다. 빠르게 공정을 안정화할 수만 있다면, 회사로부터 큰 성과를 이룬 공을 인정받을 수 있었다. 하지만 대부분의 엔지니어들은 그 업무를 맡지 않으려고 했다. 힘든 일은 피하고 싶었던 것이다.

최신 공정 안정화 업무는 공정에 문제가 생기면 24시간 내내 즉각 대응을 해야 했기에, 대부분의 사람들에게는 기피 대상 1호 업무였다. 최신 공정은 생각처럼 빠르게 안정화되지 않았다. 회사의 경영진들도 그 문제로 크게 고심하면서 공정 담당자들의 조직 개편까지 시도할 정도였다. 하루는 기술팀장님이 모든 팀원들을 회의실에 불러 모았다. 최신 공정 안정화 업무를 맡는다면, 고과 평가 시 어드밴티지를 주겠다는 선포까지 했다. 물론 강제적으로 인원을 선발해 배치할 수도 있었다. 하지만 팀장님은 하고자 하는 의지를 갖고 그 업무에 임할 사람을 찾고 싶었던 것이다.

Part 2. 하고자 하는 의지를 갖고 도전하라

하지만 안타깝게도 최신 공정 업무를 맡겠다고 나서는 사람은 없었다. 결국 각 조별로 면담을 통해 그 공정을 맡아서 수행할 사람들을 찾기 시작했다. 나는 당시 속해 있는 조의 리더였고, 조원들에게 최신 공정 업무를 맡아서 진행해보자는 의견을 내 보았다.

"우리가 한번 최신 공정을 맡아서 해보는 게 어떻겠어? 지금까지 해왔던 공정이고, 거기에서 조금만 더 개선 아이템들을 적용하면 충분히 개선이 가능할 거야!"

"굳이 힘든 일을 맡겠다고 나설 필요가 있을까요? 편하게 가시죠! 지금까지 해봤는데도 안되잖아요!"

조원들의 반응은 역시나 부정적이었다. '왜 힘든 공정을 우리가 맡아서 해야 하는가?' 하는 반응이었다. 솔직히 나도 힘든 공정을 맡고 싶지는 않았다. 시작하는 순간부터 고생길이 열릴 것은 불을 보듯 뻔한 일이었다. 하지만 지금까지 열심히 해왔던 공정이기에 조금씩 개선 방향이 보였고, 할 수 있다는 생각이 들었다. 그래서 조원들을 설득하며 독려해보았다. 그렇지만 생각의 차이는 좀처럼 좁혀지지 않았다. 결국 '리더가 하고 싶다면, 알아서 하세요!' 이런 식의 반응으로 결론이 났다. 참 난감했다. '어떻게 할까?' 고민한 끝에 나는 최신 공정 안정화 업무에 도전하기로 결정했다. 어렵기는 하지만 해낼 수 있다고 생각한 것이다. 그래서 조원들의 반대를 무릅쓰고 도전을 선택했다.

기술 팀장님과의 조별 미팅을 하면서, 우리 조가 그 업무를 맡아서 진행해보겠다고 말했다. 조원들의 얼굴에 나를 원망하는 표정이 역력했다. 나는 미리 문제점과 개선해야 할 포인트를 구상하고 있었기에, 한번 해보자는 마음뿐이었다. 당시 조원들 사이에서는 그 업무를 우리가 해내기 어렵다는 생각이 지배적이었다. 나는 그런 조원들과 개별적인 상담을 하면서 다시 한번 설득에 나섰다. 당시 나의 의견은 간단명료했다.

"우리는 할 수 있어. 몇 가지 해결되지 않는 포인트들만 잘 제어한다면, 분명히 좋은 결과를 가져올 수 있어."

마지못해 나의 의견에 따라 주는 조원이 있는 반면에 '끝까지 리더가 해보자고 고집하니⋯, 나는 몰라요. 마음대로 하세요' 하는 식으로 외면하는 조원도 있었다. 나는 시작부터 조원들의 달갑지 않아 하는 표정들을 보면서 마음이 무거웠다. 나는 안될 것이라는 이유보다는 '어떻게 하면 그 업무를 성공적으로 수행해낼 수 있을까?' 하는 데 집중했다.

우리 조가 최신 공정 안정화 업무를 맡아 몇 차례 시행착오를 겪자, 주변에서는 응원보다는 안타까워하는 시선을 보내왔다. 빠른 성과를 요구하는 상사들의 독촉이 큰 부담으로 다가왔다. 기존 공정은 이미 안정화가 된 상태이기에 상대적으로 관리하기가 수월했다. 그러나 나는 그때 남들이 하지 않으려고 하는 것에 도전해보고 싶었다. 솔직히 한편으로는 나역시 그 업무에 손을 대고 싶지 않은 마음도 있었지만, 뭔가 오기 같은 것이 발동했던 것 같다.

우리는 최신 공정에서 집중 관리가 필요한 포인트들과 개선해야 할 항목들을 도출해서 각각의 영향성 평가를 진행했다. 그 과정에서 공정 수율이 이전에 비해 조금씩 상향 곡선을 그리기 시작했다. 그러나 목표 수율까지는 아직도 많이 부족한 상태였다. 나는 공정 레시피 변경의 필요성을 느꼈다. 설비별 레시피가 통일되어 있지 않았기 때문에, 관리가 다소 어려운 부분이 있었다. 그러나 설비별 특성이 조금씩 달랐기 때문에 동일한 레시피를 적용해 운영하기에도 옳은 방법이 아니라는 선입견이 강하게 작용했다. 특히 수율에 대해서 민감한 시기였기 때문에 레시피를 통일화해서 진행했다가 결과가 좋지 못할 경우에는 누군가가 책임을 져야 했다. 그래서 선뜻 결단을 내리기가 쉽지 않은 상황이었다.

수율 개선이 최대의 목표였지만 좀처럼 개선이 안 되었기 때문에, 어느 날 CEO는 초강수를 두었다. 그것은 엔지니어들이 적용해보고 싶은 방법들을 모두 도출해서 그 결과를 보고하라는 것이었다. 그 지시에 따라 엔지니어들은 각자 자신이 생각하는 최상의 운영 방법을 보고하고, 자신이 맡은 공정 라인에서 적용 후 테스트를 진행했다. 그리고 일정 기간 테스트를 한 결과를 CEO에게 보고했다. 그런데 운이 좋게도 내가 만든 공정 레시피의 결과가 가장 좋게 나왔다. 생각지 못한 변수가 테스트 과정에서 문제를 일으키지 않도록 하기 위해 테스트 기간 내내 초집중했다. 이런 과정을 거쳐 내가 만든 레시피가 최종적으로 최신 공정 전 설비에 일괄적으로 적용되게 되었다. 그리고 당시에 동료들과 함께 도출한 개선 포인트들과 레시피가 융합되어 수율이 점차적으로 상승하는 실질적 효과가 나타나기 시작했다. 이것을 계기로 우리는 마침내 조금씩 좋은 결과를 내기 시작했고, 이전에는 기대할 수 없었던 수율까지 상승하는 결과물을 만들어냈다. 그 당시 밤낮을 가리지 않고 함께해준 조원들이 기뻐하던 모습들이 생각이 난다.

비록 최종 목표 수율에는 도달하지 못했지만, 의미 있는 결과를 만들어냈다는 것에 그 시도의 의의를 두고 싶다. 힘들다는 이유로 모두가 피하고 싶어 하고, 되지 않을 일이라고 할 때 반대로 할 수 있다고 생각하고 가능한 방법을 찾아보는 것이 진정한 도전이라고 생각한다. 결국 긍정적인 사람들이 세상을 혁신하는 것이다. 부정적인 사람들은 결코 세상을 변화시킬 수 없다.

이런 사례를 보며 곰곰이 생각해보면, 답은 금방 나온다. 자신의 생각 하나로 할 수 있음과 할 수 없음이 구분되는 것이다. 나도 예전에 경험했던 그 사례를 생각하고 되돌아보면서, 어떤 일에 임할 때 안될 것이라고 부정적으로 생각한 경우에는 좋은 결과를 얻은 적이 없었다는 것을 다시 확인하게 된다. 잘될 것이라고 긍정적으로 생각해도 좋은 결과가 나올까 말까 한데, 안된다고 생각하면 될 일도 안될 수밖에 없다. 그렇기에 지금의 나는 항상 '할 수 있다'는 생각을 우선에 두고, 긍정적인 생각들로 머릿속을 채워나가고 있다. 당신도 이런 생각에 동참하기를 기대한다.

꾸준함은
최고의 무기다

꾸준함은 엄청난 힘을 발휘한다. 무엇이든 꾸준히만 한다면 좋은 결과, 좋은 실력을 만들어낼 수 있다. 진부하게 들릴 수 있지만 자신이 바라는 목표 달성 또는 성공을 거두기 위해 가장 크게 작용하는 핵심 요소가 꾸준함이라고 말할 수 있다. 어떤 분야에서도 꾸준함은 두루 통하기 마련이다. 무슨 일이든지 처음부터 잘할 수는 없다. 하지만 그것을 잘하기 위해서 꾸준히 노력한다면 어느새 부쩍 성장해 있는 자신을 만나게 된다.

당신은 무언가를 꾸준히 해본 적이 있는가? 매일같이 하루도 빠짐없이 무언가를 해본 적이 있는가? 꾸준함이란 목표를 향해 지속적으로 노력하는 것을 말한다. 이러한 일관된 노력은 우리가 힘들고, 지치는 순간에도 자신의 목표를 생각하면서 앞으로 나아가게 만들어준다. 꾸준함은 어느덧 습관이 되어서 자신을 통제해나가는 근본적인 능력이 된다.

어릴 적에 자전거를 처음 배웠던 순간을 떠올려 보자. 처음에는 익숙지 않기 때문에 계속 넘어진다. 하지만 포기하지 않고 연습을 거듭하다 보면 어느덧 넘어지는 빈도가 줄어들기 시작한다. 꾸준한 자전거 타기 연습을 통해 한 단계 성장하는 것이다. 이것이 바로 꾸준함의 힘이다. 꾸준함은 누구나 할 수 있는 노력이다. 특별한 재능이 없어도 할 수 있고, 누구나 마음먹기에 따라 꾸준함을 발휘할 수 있다. 이 순간부터 무언가를 꾸준히 해보겠다고 결심하면, 할 수 있는 것이다. 꾸준함이 나타내는 위력은 사람에 따라 천차만별이다. 즉, 꾸준히 노력한다고 해도 결과가 바로 나타나지 않을 수 있다. 하지만 실망하거나 포기하면 안 된다. 세상의 무엇 하나 하루아침에 이루어지는 것은 없기 때문이다. 한근태의 저서《고수와의 대화, 생산성을 말하다》에는 이런 글이 있다.

천재는 갑자기 탄생하지 않는다.
변화도 하루아침에 이루어지지 않는다.
천재는 반복에 의해 만들어진다.

자신의 능력치도 꾸준함 속에서 반복되는 가운데 만들어진다. 공부든 운동이든 삶에 있어서 실력이 늘어가는 것은 꾸준히 반복해 노력한 결과물이다. 그렇지만 말처럼 무언가를 꾸준히 실천하는 것은 결코 쉽지 않다. 그래서 '작심삼일'이라는 말도 있지 않은가? 결심하고 포기하고 결심하고 포기하는 것이 일반 사람들의 패턴이다. 하지만 자신이 이루고자 하는 것에 꾸준함이란 단어를 붙여넣어 보라. 당신이 생각하는 상상 이상의 결과들이 만들어질 것이다.

　세계적인 수영 선수 마이클 펠프스는 단 하루도 훈련하지 않은 날이 없다고 했다. 그것이 다른 선수들과의 차이점이고, 그에게는 경쟁자들보다 해마다 52일이 더 있는 셈이었다고 한다. 모두 연습을 멈추는 일요일, 그들이 수영하지 않는 날에 펠프스는 더 전진할 수 있었던 것이다. 펠프스는 또한 어떤 분야에서 성공하기를 원한다면 반드시 치러야 할 과정일 뿐이라고도 말한다. 5년 동안 단 하루도 훈련을 빠뜨린 적이 없었고, 하루도 빠짐없이 물속에 있었다고 한다. 수영이라는 스포츠에서 하루를 쉬면, 그걸 따라잡는 데 이틀이 걸린다고 생각해서 그는 그런 방식으로 훈련을 했다고 말한다. 그리고 당연히 무언가를 하기 싫은 날이 있겠지만 그런 날에 무엇을 하느냐가 자신을 발전하게 만든다고 강조한다. 그리고 자신은 기꺼이 그런 희생을 치를 생각이었다고 말한다. 그런 노력 끝에 펠프스는 올림픽 역사상 유일무이하게 한 대회에서 8개의 금메달을 따고 두 대회 연속 8개의 메달을 획득한 수영계의 전설로 남았다. 그는 특히 어린 시절에 ADHD 판정을 받고 스스로의 한계를 극복해낸 것으로도 유명하다. 자신의 꿈을 향해서 쉼 없이 노력했기에 꾸준함의 대명사라고 말할 수 있다. 오로지 자신이 바라고 꿈꾸는 것에 온전히 집중하고 꾸준히 한다면, 그것은 자신의 최고의 무기가 된다. 이것만큼 강력한 무기가 또 어디에 있겠는가?

　오늘 당장 무언가를 해보겠다는 목표를 세우고, 그것을 그냥 해보는 거다, 꾸준히. 그것이 하루, 이틀, 한 달, 1년 동안 쌓이면 자연적으로 실력과 능력치가 상승하게 된다. 그리고 자신이 바라는 그 위치에 올라가게 된다. 세상에서 성공한 사람들 대부분은 무언가를 꾸준히 하면서 성공을 이루었다. 이것은 누구라도 거쳐야 하는 통과의례와도 같다. 당신도 이 통과의례를 지날 준비가 되어 있는가? 그렇다면 지금 당장 시작해보라. 자신의 목표와 꿈이 실현되고야 말 것이다.

생각한 대로
행동하기

직장 생활을 하면서 항상 나는 내 인생을 직장 생활로 마무리하지는 않겠다고 생각했다. 그래서 아내에게 입버릇처럼 자주 이렇게 말했다.

"나는 앞으로 5년 이내에 회사를 그만둘 거야."

내가 그런 말을 할 때면 아내는 되받아치곤 했다.

"직장을 그만둔다는 말을 뭐 그리 쉽게 해? 오빠는 임원까지 해야 하니까, 그리 알고 직장 생활을 열심히 하세요."

결혼 후 외벌이 생활을 10년 가까이 하는 동안 금전적으로 크게 부족하지는 않았지만, 직장 생활을 그만두어도 될 만큼의 자산을 확보한 것은 아니었기 때문에 아내는 내가 회사를 그만둔다는 것은 말이 안 되는 이야기로 생각했다. 아내의 입장에서는 내가 아무리 아파트 투자를 병행하면서 수익을 내고 있다고 해도 직장 생활만큼은 끝까지 유지하기를 바라는 마음이 컸다. 대부분의 직장인들이 나와 비슷한 생각과 경험을 갖고 있을 것이다. 회사에 사표를 쓰고 나가는 사람들의 뒷모습이 어찌나 부러운지…. 퇴사 후 그 사람들의 미래는 어떻게 전개되었을지 모르겠지만 말이다.

내가 그런 생각을 가지고 있었다고 해서 직장 생활을 열심히 하지 않은 것은 아니다. 누구보다 더 열심히 직장 생활에 임했기에 회사에서 표창장도 받아보고, 부서 팀장님, 그룹장님과 CEO로부터 인정을 받기도 했다. 공정 엔지니어 출신으로 밤을 새워가며 일한 적도 있었고, 열심히 한 덕분에 내가 개발한 공정 레시피가 공정 라인의 전 설비에 적용되는 성과를 내기도 했다. 그 과정에서 일에 대한 자부심도 커졌던 나였지만, 직장 생활의 연차가 쌓여가면서 회의감이 들기 시작했다.

상사들을 바라보면 그다지 즐겁거나 행복해 보이지 않았다. 매일 틀에 박힌 시스템에서 헤어 나오지 못하고 있었고, 비효율적인 회의는 지금까지 관행적으로 그렇게 해왔기에 어쩔 수 없이 그대로 답습할 뿐이었다. 모두가 그 안에서 허우적거리고 있었다. 사실 이런 고정관념에 대해서는 회사의 정점에서부터 변화 의지를 갖고 혁신해야 하지만, 오히려 그에 역행하는 모습들만 봐왔기에 비전을 찾아보기 어려웠다. 물은 위에서 아래로 흐르는 법이다. 그래서 이런 과정들이 반복되는 가운데, 하루라도 빨리 회사에서 떠나야겠다는 생각들이 점점 커져갔다.

하지만 현실은 냉혹하기에 직장을 박차고 나간다는 것은 엄청난 용기와 결단력이 필요하다. 나만 바라보고 있는 가족들을 생각하면 나만 생각해서 함부로 결정할 일이 아니었다. 그것도 외벌이를 하고 있는 사람이라면 상상하기조차도 힘든 일이 아닐까 싶다.

나는 직장 생활을 하면서 아파트 투자라는 재테크를 10년 이상 열심히 해오던 상황이라서 그런지 부동산 쪽으로 많은 관심을 갖고 있었고, 앞으로 남은 인생을 부동산과 관련된 일을 해보고 싶다는 생각을 수시로 했다. 아파트 투자는 주로 대구 지역에서 집중적으로 해오다가 차츰 부산과 경남 쪽으로도 투자를 이어갔다. 그러던 어느 날 나도 이제 투자의 세계에서 더 큰 무대인 서울이나 경기도 쪽으로 진출해보고 싶다고 생각하게 되었다.

그런 생각을 하자 바로 실행으로 옮기기 위해서 움직이기 시작했다. 그래서 서울 쪽 투자처들을 집중적으로 검색하고 분석해보니, 투자금이 상대적으로 많이 들어가는 상황이라서 다소 부담스럽게 느껴졌다. 어떤 투자자라도 최소한의 비용으로 높은 수익률을 내고 싶어 하는 것이 당연한 일이다. 나 또한 그랬다. 그래서 입지가 좋고 향후의 미래 가치가 높은 아파트를 최우선으로 고려해 투자처를 찾기 시작했다.

나의 인생에 전환점이 된
결정적 투자

 2020년, 새로운 아파트 투자처를 찾던 중 내 눈에 들어온 곳은 바로 대한민국의 반도체 수도인 경기도 평택이었다. 평택에서는 이미 삼성반도체가 120만 평에 달하는 부지에 세계 최대의 반도체 공장을 짓고 있었고, 고덕국제신도시와 지제 역세권 개발, 브레인시티 개발, 화양지구 개발 등으로 그야말로 도시 전체가 공사판이라고 해도 될 정도로 많은 개발이 진행되고 있었다. 그리고 앞으로도 진행될 많은 개발 계획들이 풍부한 곳이기도 했다. 이런 상황은 나의 마음을 사로잡기에 충분했다.

 그렇게 큰 범위에서 투자할 도시를 정한 다음, 작은 범위에서 과연 어떤 아파트에 투자할지 면밀히 살피기 시작했다. 고덕국제신도시 1단계에 있는 아파트와 평택 지제 역세권에 속한 아파트들을 놓고 고민했다. 단기적으로는 교통 호재의 파급력이 더 크게 작용할 것으로 판단되는 평택 지제 역세권 쪽 아파트에 투자하기로 결정했다. 그 결정을 하기까지의 내

개인적인 판단 기준과 과정은 이렇다. 평택 지제 역세권은 단순한 교통 호재 수준을 뛰어넘어 향후 경기도 남부권 교통의 중심지가 될 곳이기에, 그 가치는 생각 이상으로 엄청날 것으로 판단했다. 서울을 제외하고 고속철도 SRT·KTX, 그리고 GTX 2개 노선의 연장이 확정된다면, 평택 지제역은 수도권에서 유일무이한 철도 교통의 중심지가 될 곳이기에 미래의 가치를 크게 보고 확신을 가질 수 있었다.

투자 시점에서는 1호선과 SRT만 다니고 있었지만, 향후 KTX 개통 예정과 GTX A, GTX C 노선의 연장 가능성이 높은 상황이었다. GTX 노선 연장은 아직 결정이 안 된 상황이었지만, 평택에는 이미 삼성반도체라는 블랙홀에 비유할 만한 엄청난 호재가 있었고, 그 외에도 많은 개발로 인해 매년 1.5~2만 명씩 인구가 증가하는 추세였다. 전국의 도시 중 인구가 증가하고 있는 도시는 손에 꼽을 만큼 적기에, 평택이라는 도시의 미래는 밝을 수밖에 없었다.

그와 같은 주변의 개발 호재와 함께 평택 지제역 앞 아파트를 투자처로 선택한 가장 큰 이유는 바로 입지에 있었다. 역세권이라 불릴 만큼 역에서 5~10분 정도의 가까운 거리에 위치해 있었기 때문에 향후 아파트 매수 수요 면에서 충분한 경쟁력을 갖추고 있었다. 삼성반도체 공장도 10~15분 거리에 위치해 있었다. 그곳 임직원들과 협력업체 직원들의 주택 수요 또한 상당할 것으로 예상되어 향후 매도에 대한 걱정은 하지 않아도 될 것으로 예상했다. 그 아파트 앞에는 평택에 소재하는 대형 마트 중 규모가 가장 큰 이마트가 자리 잡고 있었다. 이마트와의 거리는 아주 가까워서 집 앞의 슈퍼에 들른다는 가벼운 마음으로 장보기가 가능할 정도여서 이 또한 큰 이점이었다.

이외에도 초품아(초등학교를 품은 아파트)로 신축, 대단지, 브랜드, 멋진 조경, 다양한 최신 커뮤니티 시설 등 아파트가 갖춰야 할 모든 것을 다 가지고 있기에 투자 가치가 높은 아파트라고 생각해서 곧바로 투자하기로 결정했다. 이 아파트 투자가 2년 후 내게 제2인생을 살게 해준 전환점이 되어버렸다. 투자 시점에는 전혀 예상하지 못했다. 이 투자가 향후 내 인생을 송두리째 바꿔버릴 계기가 될 줄은!

인생에서 새로운 도전을 선택하다

향후 아파트 시장의 변화에 대비하다

2021년에 투자 목적으로 사놓았던 아파트들을 정리하기 시작했다. 당시는 코로나19 팬데믹 시기였고, 저금리와 함께 시중에 돈이 많이 풀리기 시작하면서 대구의 아파트 시장이 다시 움직이기 시작했다. 더 욕심을 부리지 않고, 적당한 수익에서 아파트들을 정리하자는 것이 목표였다. 대구의 아파트 시장은 앞으로 입주 물량 폭탄이라고 할 정도로 입주 물량이 한꺼번에 쏟아져 나오게 되어 있었다. 그래서 매도 결정이 늦어지면 어려움을 겪을 것이라는 예상 아래 보유 아파트들을 정리하기 시작했다. 투자를 해놓은 것 중 재개발 투자 건이 가장 매도가 힘들었다. 그동안 아파트 가격은 조금 상승했지만, 재개발 쪽 투자는 그리 큰 움직임이 없었기 때문이다. 다행스럽게 매수자가 나타나면서, 재개발 투자까지 모두 정리할 수가 있었다. 심지어 살고 있던 아파트도 미리 매도했다. 하락기에 대비한 사전 준비였던 것이다. 그리고 유일하게 경기도 평택 지제역 앞에 투자해놓은 아파트 한 채만 남겨두었다.

당시에는 대구 도심 전체가 공사판이라고 할 정도로 엄청나게 많은 아파트들을 짓고 있었다. '저 많은 물량들을 과연 어떻게 소화해낼 수 있을까?' 생각이 들었다. 그 아파트들의 입주 시점이 다가오면 생각 이상으로 많은 어려움들이 있을 게 분명하다고 예상되었다. 언젠가는 이 많은 물량들이 소화되겠지만, 그러기까지는 많은 시간이 걸릴 것이 확실하다고 생각했다.

2016~2017년에 많은 입주 물량으로 인해 대구의 아파트 시장이 한동안 어려움을 겪었던 시기가 있었다. 나는 그 당시에 아파트 시장이 어떻게 돌아가는지를 똑똑히 지켜보았다. 그 기간에 물량에 대한 학습이 된 것이다. 그렇기에 내가 투자했던 아파트의 매도 결정을 선뜻 할 수 있었다. 투자는 정말 타이밍이 중요하다. 잘못된 시기에 투자하면 오랜 시간 수익을 보기 힘들고, 투자금이 꽁꽁 묶여서 이도저도 할 수 없게 된다. 이것을 알고 있었기에 과감한 판단을 하게 된 것이다.

운명의 기로에 서다

2022년, 평택 지제역 앞에 투자해놓은 아파트는 분양가에 대비해 2배 가까이 오른 상태라서 비과세 혜택을 받기 위한 생각이 커져만 갔다. 5월이 다가오면서 어느새 입주 시점이 되었다. 시간이 참 빠르다는 것을 느낄 만큼 2년이라는 시간이 훌쩍 지나버린 것이다. 당시 이 아파트에는 실거주 의무 요건이 있었기 때문에 고민이 되었다. 아파트 매수 당시 나는 다주택자인 상태였는데, 평택이 조정대상 지역으로 지정되면서 실거주 의무가 생긴 것이다. 기존 주택을 처분해도 실거주 의무는 사라지지 않았다. 그렇다고 대구에 있는 직장에 다니면서 평택에 거주하기란 거의 불가능한 상황이었다. 이사를 고려해야 하는 상황이었는데, 가족들을 생각하면 쉬운 선택이 아니었다. 그래서 '이걸 어떻게 하면 좋을까?' 하고 고민에 빠져 살았다. 고민 끝에 아내에게 평택으로 이사 가자고 살짝 운을 떼어보았다.

"평택에 투자한 아파트에 실거주 의무가 있어서…. 비과세 혜택을 받으려면 실거주를 해야 하는데, 이사하는 걸 어떻게 생각해?"

"그럼 직장은 어떻게 하려고? 그리고…, 경기도 평택으로 이사 가자는 게 말이 돼?"

"말이 안 되지? 도무지 어떻게 해야 할지 나도 고민이네…."

"나로서는 도저히… 이사는 못 갈 것 같아. 가까운 곳도 아니고, 경기도까지 어떻게?"

"비과세 혜택을 못 받으면 나중에 몇 억 원 정도를 양도소득세로 내야 할 거야. 직장인 월급으로 몇 억 원이라는 돈은…. 내가 정년퇴직할 때까지도 벌지 못하는 액수야. 회사는 1년 정도 휴직하고 가족들 모두 이사를 가보자. 어때?"

"세금을 내야 하면 내면 되잖아!! 나는 경기도까지 이사 갈 수는 없을 것 같아!"

역시 예상했던 반응이었고, 아내의 반응을 충분히 이해했다. 그렇지만 양도소득세로 몇 억 원이라는 금액을 내야 한다고 생각하니 선뜻 아내 말만 따를 수도 없었다. 그 돈은 직장인으로서 쓰고 남은 돈을 저축하면서 정년퇴직까지 일해도 벌 수 없는 금액이었다. 깊은 고민에 빠질 수밖에 없었다.

어떻게 하면 아내를 설득할 수 있을까? 고민에 고민을 거듭했다. 하지만 뾰족한 방법이 없었다. 궁여지책으로 세금을 내게 될 경우 얼마의 세금을 내야 하는지에 대해서 알려주며 다시 한번 설득해보자고 생각했다. 엑셀 파일로 차근차근 깔끔하게 정리해서 아내에게 설명해주었다. 보기 쉽게 정리된 내용을 보고 아내도 금방 이해했다. 아내의 반응은 즉각적으로 나왔다.

"이렇게 많은 세금을 내야 한다고? 세금이 너무 많은 것 아니야?"

"비과세 혜택을 못 받으면 기본세율에 따라 이렇게 내야 할 것 같아!"

"우리가 이 돈을 벌려면 도대체 얼마의 시간이 필요한 거야?"

"아마도 내가 정년퇴직까지 열심히 일해도 벌지 못할 것 같은데…."

아내도 조금씩 동요되기 시작했다. 현실이 그러했다. 외벌이 직장인이 벌어서 모으기에는 정말 큰돈이었다. 가족들과의 하루하루 삶은 매우 행복했고, 당장 먹고 살아가는 데는 아무 문제가 없었다. 하지만 미래에 다가올 노년의 삶을 생각해보면, 앞이 보이지 않는 암흑과도 같은 현실을 타파해보고 싶었다. 세금 외에도 평택에 삼성반도체 회사가 들어오면서 생길 파급 효과와 도시의 발전 가능성에 대해 아내에게 자세히 설명해주었다. 앞으로 우리에게는 기회의 땅이 될 수도 있다고 말이다. 그리고 회사에 휴직서를 내고, 1년 동안 새로운 투자처와 내가 해보고 싶은 일을 찾고 싶다고 말했다. 직장 생활이 아닌, 또 다른 일을 통해 나의 미래를 만들어가보고 싶다는 이야기였다.

아무리 직장 생활을 열심히 하더라도 여유 있는 삶을 살기 힘들다는 것은 엄연한 현실이었다. 그것은 내가 바라고 꿈꾸던 삶의 모습이 아니었다. 그리고 가장 결정적인 이유는 회사 일을 하면서도 내가 그리 행복하지 않다는 것이었다. 반복되는 비효율적인 회의, 형식적인 보고서 작성, 협조가 안 되는 부서 간의 기싸움 등등. 이런 회사 생활은 점점 무미건조한 것이라고 느껴졌다. 회사 근무 연차가 쌓이면서 이런 생각들이 계속 자라났다.

결국 이런 생각이 반복되는 과정에서 결단을 내려야 할 상황에 직면하게 된 것이다. 하지만 과감히 결단하기는 쉽지 않았다. 월급만큼 안정적인 수입이 또 있을까? 그것을 내려놓는다는 것 자체가 결코 쉬운 일이 아니었다. 그리고 나의 결정 하나로 가족들이 불안하고 힘든 상황에 처할 수 있다는 점이 더욱더 나를 고민하게 만들었다.

외벌이 직장인의 위대한 도전

계속 고민한 끝에 아내에게 1년만 휴직해서 부동산과 관련된 일을 꼭 해보고 싶다고 이야기했다. 나는 평소에도 부동산 분야에 관심이 많았다. 투자를 하면서 계속적으로 수익을 내왔기 때문에, 그 분야에서 제2의 인생을 개척하며 도전해보고 싶었다. 그 일은 정년퇴직이 따로 없고 노년이 되어서까지도 할 수 있다는 장점을 아내에게 강조했다. 물론 부를 쌓아가는 것도 가능하다고 판단한 것이다.

회사에서 퇴직하는 사람을 두고 주변 사람들은 그 사람의 미래를 걱정하는 것을 여러 번 보았다. 뻔한 스토리가 펼쳐진다고나 할까. 하지만 나는 이렇게 정해진 스토리대로 살아가고 싶지 않았다. 그렇기에 하루라도 빨리 새로운 도전을 해보고 싶었다. 어떤 일에든 자신이 있었다. 내가 선택하는 길이라면 멋지게 도전해보고 싶었다. 지금까지 투자해오는 동안 항상 응원을 보내주었던 아내였지만, 이번만은 결코 쉽게 나의 편이 되어주지 않았다. 같은 지역 내 이사도 아닌, 경기도까지 이사를 가야만 했기 때문이다. 더구나 외벌이 상태에서 회사를 휴직하겠다고 하니, 아내 입장에서는 마른하늘에 날벼락 같은 소리로 들렸을 것이다.

나는 아내에게 우선 이사를 가고, 1년 후에는 복직하겠다고 말했다. 몇 번의 설득 끝에 마침내 아내의 동의를 얻어냈다. 나의 뜻에 따라준 아내에게 참으로 고마운 마음이 들 뿐이었다. 나를 믿어준 만큼 앞으로 가족을 위해 밝은 비전을 보여주고 싶었다. 이렇게 일생일대의 큰 결심을 하고 나의 인생, 그리고 나의 가족들을 위한 위대한 도전을 해보기로 결정했다.

곧바로 회사에 휴직서를 내고 속전속결로 일 처리를 진행했다. 그 과정에서 퇴직금까지 중간 정산하기로 마음먹었다. 잠자고 있는 돈을 그냥 내버려둘 수 없었기 때문이다. 기회비용을 최대한으로 활용하자는 취지였다. 등기하기 전의 분양권 상태에 있던 평택의 아파트만 남겨 놓고, 기존에 보유했던 아파트들을 모두 정리한 상태였기 때문에 회사에서의 퇴직금 중간 정산이 가능했다. 퇴직금 중간 정산을 받으려면 무주택자로서 주택을 사거나, 부모님이 입원해 병원비를 충당해야 할 필요성이 있거나, 중대재해를 당해 시급히 피해 복구를 해야 하거나 하는 등의 사유가 있어야 했다. 나는 무주택자로서 주택을 매수하는 경우에 해당됐기 때문에 퇴직금 중간 정산을 받을 수 있었던 것이다. 이것 또한 용기가 필요한 결단이었다. 대부분의 사람들은 퇴직금을 노년기를 보장받기 위한 최후의 보루라고 생각해 그것만은 건드리지 않겠다고 생각한다. 그렇지만 나는 목돈을 그냥 묵혀두기에는 너무 아깝다고 생각했다. 투자금이 적은 사람들에게는 이런 기회를 활용하는 것도 투자금을 키울 수 있는 절호의 기회다.

평소의 나는 늘 레버리지를 극한까지 활용하려고 노력해왔다. 그런 나였기에 퇴직금마저 정산하겠다는 결단을 내리는 것은 그리 어렵지 않은 일이었다.

회사 친구의 응원

당시 회사 내에서 나와 가장 가깝게 지내던 친구는 내가 휴직 신청을 하겠다는 말에 놀라워했다.

"나 1년간 휴직하기로 결심했어."

"정말? 휴직까지 하려고? 가족들은 뭐라고 그래?"

"부동산과 관련된 일을 해보려고…. 아내도 처음에는 반대하다가, 결국 허락해줬어. 휴직을 하면 우선 부동산 쪽에서 투자할 것을 찾아보려고 해."

"와, 정말 대단하다! 나는 그런 선택 못할 것 같은데…. 아무튼 항상 잘해왔으니까, 이번에도 잘해낼 거야. 혹시 해보다가 힘들면 언제든 돌아와."

내가 휴직을 하고 그토록 해보고 싶었던 일에 도전하는 것을 진심으로 응원해주었다. 하지만 막상 내가 퇴직금까지 정산하려고 한다는 말에는 신중하라는 쪽으로 조언을 해주었다.

"사실 퇴직금까지 중간 정산하려고 알아보고 있어."

"그래도 퇴직금은 혹시나 급한 일이 생길 것에 대비해서 아껴두는 것이 좋지 않을까?"

"투자를 계속해와서 그런지, 목돈을 잠자게 두는 것이 너무 아까워서 그래."

"퇴직금을 정산하는 것은 가족들을 위해서라도 다시 한번 잘 생각해봐."

"나는 오히려 가족들을 위해서 더 묵혀두고 싶지 않은데…"

회사 친구도 매우 적극적인 나의 모습을 보면서 '엄지척'을 해주었다. 이건 내가 평소에 뼛속까지 투자자 마인드를 가지고 있던 게 한몫을 한 사례다. 이렇게 퇴직금까지도 투자에 활용해보자는 결단과 함께, 나는 마침내 2022년에 휴직 신청을 결정했다.

회사에 휴직을 말하다

내가 휴직 신청을 하겠다는 이야기를 들은 회사 사람들은 상당히 놀라는 기색을 보였다. 평소에 휴직을 신청할 법한 사람으로는 비치지 않았던 나였기에 팀장님도 놀라셨다. 회의실에서 나와 단독으로 면담하며 팀장님께서 물으셨다.

"권 파트장, 일단 휴직하면…, 다시 돌아오더라도 파트장으로서 지금까지 쌓아놓은 것들을 모두 내려놓아야 할지도 모르는데. 그래도 괜찮겠어?"

나는 이미 많은 고민 끝에 휴직하기로 결정했기 때문에 조금의 망설임도 없이 괜찮다고 말씀드렸다. 그렇지만 팀장님은 며칠 더 생각해보라며 최종 결정의 시간을 늦춰 잡으셨다. 그 과정에서 자연스레 나에 대한 소식이 회사 내에 퍼졌다. 타 부서의 팀장님께서도 조용히 나를 불러 걱정스러운 얼굴로 무슨 일인지 이유를 물어봐주셨다. 그리고 지나가는 동료, 후배들로부터도 같은 질문을 많이 받았다.

며칠 시간이 흘러 팀장님과 다시 미팅을 했다.

"권 파트장, 휴직에 대해서는 다시 한번 잘 생각해봤어?"

나는 일말의 흔들림도 없이 이미 내린 결정대로 휴직을 하겠다고 강단 있게 말씀드렸다. 확고한 나의 의지를 확인한 팀장님은 알겠다면서, 인수 인계를 잘 부탁한다는 말로 미팅을 끝내셨다. 이렇게 해서 나는 나의 미래를 위해 그동안 몸 바쳐온 직장 생활을 실질적으로는 끝낸 것이다.

'내가 휴직을 하다니!' 정말 말도 안 되는 일이 일어난 것이다. 아내는 항상 나에게 제발 회사에서 에너지를 100% 다 쏟고 오지 말라고 당부했다. 퇴근 후 녹초가 되어 집에 돌아와 곯아떨어지는 경우들이 너무 많았기 때문이다. 그토록 회사 일을 내 자존심과 같은 것으로 생각했기에, 스스로 휴직을 생각하고 그것을 행동으로 실천해버린 스스로에게 놀라는 순간이었다. '그래! 이제 내가 바라는 일을 하면서 살아가자!! 후회는 절대 없어. 내가 선택한 길이야. 나는 투자를 통해 반드시 원하는 걸 이룰 거야. 이제 내 길을 갈 거야.' 당시에 나는 휴직을 신청한 이상 다시 회사로 돌아오지 않겠다고 결심했다. 나 자신에게 멋지게 선포한 것이다. 이렇게 굳은 결심을 하고, 희망찬 꿈을 꾸면서, 형식상으로는 1년간 회사를 떠나게 되었다.

평택으로 이사하기 전에 나는 아내에게 평택에 가면 꼭 만나야 할 분이 있다고 말했다. 토지 투자 유튜버로 활동 중인 '오픈마인드'라는 분이었다. 평택 지제 역세권 아파트에 투자를 하기 전 유튜브로 지제 역세권에 대한 검색을 하던 중 우연히 알게 되었고, 나는 2년 가까이 그분의 영상을 꾸준히 시청하고 있던 구독자였다.

"그분이 어떤 분인데?"

"내가 평소에 자주 시청하는 토지 투자에 관한 방송을 하는 유튜버 '오픈마인드'라는 분인데, 평택에 살고 계시더라고…."

"얼마나 대단한 분이기에 오빠가 그렇게 꼭 만나야 한다고 할 정도야?"

"앞으로 나도 토지 투자를 하고 싶은데, 그분은 경기남부 지역(화성, 평택, 용인, 안성) 토지 전문가인 분이야."

"오빠가 알아서 잘할 거니까, 그럼 그분을 꼭 한번 만나봐."

"그래! 나는 꼭 그분을 만나야 해!"

그렇게 해서 우리 가족은 평택으로 이사하게 되었다. 사실 이런 그림은 처음부터 생각한 것이 아니었다. 평택에 첫발을 들여놓은 우리 가족들은 모두 얼떨떨한 가운데 '새로운 곳에 잘 적응하면서 살아갈 수 있을까?' 하며 내심 어느 정도 걱정도 하고 있었다. 가장 마음이 쓰였던 것은 어린 딸에게 환경의 변화를 주게 된 점이었다. 혹시 딸아이가 힘들어하지는 않을까, 그것이 부모로서 가장 신경 쓰인 부분이었다. 그래서 휴직을 한 후, 나는 매일 아침 딸이 유치원 버스 타는 곳까지 배웅해주었다. 그 순간들이 정말 행복했다. 내가 언제 매일 이 시각에 이렇게 딸을 배웅해줄 수 있을까 싶어 나에게 주어진 시간과 여유를 감사히 만끽했다.

Part 3

만남에서 싹이 튼
인생의 기회와
새로운 도전

인생을 송두리째 바꾼
귀한 만남

2020년, 평택 지제 역세권 아파트에 투자하는 과정에서 유튜브로 지제 역세권 개발 상황에 대해 검색해보았다. 그때 우연히 '오픈마인드'라는 유튜버의 영상을 참고하게 되었다. 영상의 내용은 매우 논리정연하게 정리가 잘되어 있었다. 특히 영상을 통해 접하는, 신뢰가 가는 선한 목소리가 인상적이었다. 구독 버튼을 누르고, 평택의 개발 상황 및 삼성반도체 관련 소식들을 꾸준히 시청했다. 업로드하는 영상을 계속 시청하면서 '한결같다'는 느낌이 들었고, 진실되면서 진정성이 느껴졌다. 그렇게 좋은 느낌을 갖게 됨으로써 '오픈마인드'라는 분을 더 알고 싶었다.

시간이 날 때마다 업로드된 영상을 보면서 그분이 평택 고덕국제신도시에 거주하면서 경기남부 4개 지역(화성·평택·용인·안성)의 토지에 전문적으로 투자하고 있다는 것을 알게 되었다. 아파트 투자의 대체제를 찾던 중 나는 이렇게 우연한 기회에 토지에 대해 관심을 갖게 된 것이다. 이것이 나의 투자 포트폴리오에 토지라는 분야가 들어오게 된 계기였다.

아파트 시장이 정점을 지나 하락기로 접어들기 시작할 무렵이었기에 토지 투자에 대한 관심이 더욱더 생겼고, 그것은 나에게 새로운 투자 분야였다. 나에게는 토지 투자가 또 다른 희망의 연결선과 같다는 생각이 들었다. 이렇게 2년 가까이 유튜브 영상을 보면서 언젠가는 이분을 한번 만나보고 싶다고 생각했는데, 내가 평택으로 이사를 할 줄이야…! 상상도 해본 적이 없는 일이 일어났고, 평택에 가면 오픈마인드 님을 꼭 만나봐야겠다는 결심을 하게 되었다. 이 결심은 결국 현실이 되었다.

2022년, 평택으로 이사한 후 이삿짐도 어느 정도 정리되었을 때 오픈마인드 님을 만나기 위해 유튜브에서 그분의 연락처를 찾던 중 교육 담당자의 연락처를 발견하고 연락을 취했다. 교육 담당자는 권기웅 팀장이었고, 그분께 교육 일정을 문의하니 아직은 차기 교육 계획이 정해지지 않은 상태라는 답변이 돌아왔다.

"팀장님, 당장 교육 계획이 없다면 팀장님이라도 한번 찾아뵙고 싶습니다."

"네, 저는 지금 화성 사무실에서 근무하고 있는데, 언제든 좋으니 한번 방문해주세요."

"네, 감사합니다. 조만간 한번 찾아뵙도록 하겠습니다."

우선 팀장님을 만나서 이야기를 들어보고, 오픈마인드 님을 만날 수 있도록 해달라고 부탁하고 싶었다. 그러던 중 생각보다 빠른 시간에 오픈마인드 님이 주관하는 교육 공지 알림을 확인하게 되었다. 나는 그 교육의 개설을 기다리던 중이었기에 신청을 하기 위해 곧바로 연락했다. 휴대폰 너머로 그동안 유튜브 방송을 통해 많이 익숙해진 목소리가 들려왔다. 바로 오픈마인드 님의 목소리였다. 그 순간 너무 반가웠고, 항상 영상에서만 듣던 목소리를 직접 들으니 신기하게 다가왔다. 토지 투자 분야에서 전문가로 유명해진 분과 직접 통화하게 되니 매우 기뻤다.

"안녕하세요? 이번에 공지하신 교육을 수강하고 싶어서 연락드렸습니다."

"네, 안녕하세요? 성함과 계시는 지역이 어떻게 되시나요?"

"혹시…, 오픈마인드 님이세요?"

"네, 맞습니다. 교육 일정은 언제가 좋으신가요?"

"저는 7월 2일로 예정된 교육에 참석하고 싶습니다."

"네, 알겠습니다. 교육 수강을 하실 수 있도록 접수를 도와드리겠습니다."

이렇게 오픈마인드 님과 짧은 첫 통화를 하게 되었고, 그 통화로 왠지 모르게 내게 좋은 일들이 일어날 것만 같은 기분이 들었다. 이렇게 교육 신청을 하고 아내에게 알렸다.

"7월 2일에 그동안 만나고 싶었던 오픈마인드 님의 토지 투자 교육을 받게 되었어."

아내는 반가워하면서도 수강료를 이야기하자 깜짝 놀랐다. 그 이유는 하루 특강에 수강료가 80만 원이나 되었기 때문이다.

"오빠, 하루 교육비가 80만 원이라면 너무 비싼 것 아냐?"

나는 눈을 동그랗게 뜨며 놀라는 아내에게 단 1초도 망설이지 않고 강한 의지를 담아 말했다.

"지금 돈이 중요한 게 아니야. 나는 그분을 꼭 만나야 해!"

아내 역시 내가 얼마나 그 교육을 기다렸는지 잘 알고 있었기에, 더 이상 나의 말에 반박하지 않았다. 아내는 내가 확고한 의지를 갖고 무엇인가를 할 때면 항상 곁에서 응원해주고, 세상에서 가장 나를 신뢰해주는 사람이다. 그래서 항상 고맙고 사랑스러운 존재다. 당시 나는 오픈마인드 님의 교육 수강을 통해 새로운 만남이 있기를, 나에게 새로운 돌파구가 되기를 기대했다. 새로운 환경, 새로운 곳에서는 늘 새로운 만남이 기다리고 있고, 새로운 기회들이 생길 수 있다고 나는 믿는다. 그 교육이 몹시 기다려졌다. 나는 교육비를 입금하고, 7월 2일이 오기만을 기다렸다.

전염되는 열정

드디어 그렇게도 기다린 교육 날이 되었고, 아침부터 들뜬 마음을 가다듬으며 교육장으로 달려갔다. 가는 동안에는 몸도 마음도 가볍고, 기대에 잔뜩 부풀어 있었다. 평택고덕국제신도시 경계에 자리를 잡은 교육장은 집에서 차로 15분 거리에 있었기에 금방 도착할 수 있었다. 그곳은 농장이라고 표현하는 게 정확할 것 같은 장소였다. 예쁘게 조경을 해놓았고, 귀여운 강아지들도 여러 마리 있었다. 마음의 여유를 갖기에 충분한 분위기였다. 게다가 나무로 만든 트리하우스도 멋스럽게 자리 잡고 있어서, 누구라도 한번 왔다 가면 다시 오고 싶은 마음이 생길 정도로 편안한 곳이었다. 주변은 온통 논들로 둘러싸여 있고, 초록초록한 것들 천지여서 세상에 더없이 평화로운 곳이라는 생각이 들었다. 그곳을 처음 방문한 사람들은 모두 나와 비슷한 느낌을 받았을 것이다. 참 아늑한 공간이라는 생각이 들 수밖에 없었다.

드디어 교육을 진행하는 사무실의 문을 열고 들어가는 순간, 나의 눈에 가장 먼저 들어왔던 것은 그 회사의 사훈이었다. 명판에 새겨 벽에 걸어둔 사훈을 한참 뚫어지게 쳐다보았다. 자유분방한 듯하면서도, 인간미가 넘치는 문구였다.

놀면서 일하자. 그리고 베풀면서 살자.

정말 이상적인 삶이지 않을까 하는 생각과 이 회사에 다니는 사람들은 얼마나 좋을까 하는 생각이 머릿속을 빠르게 스쳐 지나갔다. 나는 잠시 이런저런 생각을 떠올렸다. '와! 여기에 오기를 너무 잘했다. 내가 그토록 바라던 곳이 바로 이런 곳이었는데…. 내가 실제로 이런 곳을 알게 되다니…. 정말 숨은 보석을 찾은 기분이다!' 사무실 입구에 들어서는 그 짧은 순간에 나는 여러 생각을 했다. 그리고 자연스럽게 오픈마인드 님과 인사를 나누었다.

"안녕하세요? 권순기입니다."

"네, 안녕하세요? 오픈마인드 김양구입니다. 순기 씨는 평택에서 오셨군요. 평택 어디에서 오셨나요?"

"저는 지제역 바로 앞에서 살고 있습니다."

"좋은 아파트에 살고 계시네요."

오픈마인드 님은 상냥한 목소리로 짧은 첫인사를 나누며, 나를 아주 반갑게 맞이해주셨다. 교육을 시작하기도 전인데 나의 마음은 어딘가 모르게 한껏 즐거워져 있었다. 평택에서 온 교육생은 내가 유일했다. 그렇게 해서 나는 오픈마인드 교육 9기생이 되었고, 교육이 시작됨과 동시에 돌아가면서 짧게 자기소개를 하는 시간을 갖게 되었다. 드디어 내 차례가 왔다. 나는 힘찬 목소리로 자기소개를 시작했다.

"안녕하세요? 저는 대구에서 직장 생활을 하면서 지금까지 10년 정도 아파트 투자를 해왔습니다. 그러다가 평택에 투자했던 아파트에 입주하기 위해 회사를 휴직하고 가족들과 함께 평택으로 이사를 왔습니다."

"휴직하고 가족들과 함께 평택으로 이사를 왔다고요?"

오픈마인드 님은 다소 놀란 어조로 질문하셨다.

"네, 그렇습니다. 아파트의 비과세 요건도 충족할 겸…. 그 과정에서 제 인생에 있어서 새로운 일에 도전해보려고 합니다."

내 이야기를 듣고, 참석자 모두가 힘찬 박수와 함께 대단하다는 반응을 보였다. 이후 오픈마인드 님의 강의가 시작되었다. 그 순간 조금 전에 만났던 상냥하고 자상한 그분의 모습은 온데간데없고 열정적이고 진취적인 모습으로 바뀌었다. 그런 강렬한 강의는 경험해본 적이 없었다. 강의에 모든 것을 쏟아붓는 모습이라니! 오픈마인드 님도 평범한 삶을 살아가다가 우연한 계기로 삶이 뒤바뀌었다고 말했다.

"제 나이 스물아홉 살이던 어느 날, 우연치 않게 보험을 하고 계시는 지인의 사무실에 방문 했을 때 엄청난 충격을 받은 사건이 있었습니다. 그분 사무실은 평택 시내 외곽에 있는 소박한 사무실이었습니다. 함께 이런저런 이야기를 하다가 그분이 잠깐 자리를 비운 사이, 책상 위에 급여 명세서가 놓여 있길래 호기심에 슬쩍 보았습니다. 순간 저는 그 자리에서 얼어버렸습니다. 명세서에 적힌 금액이 내가 받고 있는 월급의 10배 가까이에 달하는 숫자가 눈에 들어왔고, 제 눈을 의심했습니다."

오픈마인드 님은 자신이 실제로 겪었던 이야기를 들려주었다. 도망치듯 사무실을 빠져나온 오픈마인드 님은 집으로 돌아오는 차에서 눈물을 흘렸다고 한다. 그리고 그날 밤 잠을 이루지 못한 채, 다음 날 그 지인을 찾아가서 간절하면서도 정중하게 부탁드렸다고 했다. 그분은 오픈마인드 님의 간절함을 보고 도와주기로 했다고 한다. 그 이후 6개월이 지난 시점에 오픈마인드 님도 그분과 비슷한 실적을 올리고 억대의 연봉을 받게 되었다고 한다.

'20년 전에 억대 연봉이라니!' 지금도 억대 연봉을 받지 못하는 사람이 수도 없이 많은데…. 그 이야기를 들으며 내 가슴이 뜨거워졌다. 정말 저 용기가 대단하다. 그때 나였다면 어떻게 했을까? 과연 나는 오픈마인드

님처럼 한걸음에 달려가 자신의 앞날을 위해 간절히 부탁할 수 있을까? 어쩌면 그 충격에서 빠르게 헤어 나오지 못했을지도 모른다. 특히 그 이야기가 특별한 사람의 이야기가 아니라 아주 평범했던 한 사람의 이야기라서 더욱 가슴에 와닿았다. 나는 토지 투자 강의를 듣기 위해서 왔는데, 그 어떤 동기부여 강의보다도 강한 임팩트로 감동을 받았다. 오픈마인드 님은 마인드와 생각이 가장 중요하다고 강조했다. '역시 핵심은 마인드로구나!' 나 또한 평소에 좋은 마인드를 가진 사람과 함께하고 싶은 생각이 강했기에 오픈마인드 님에게 더 끌렸다.

이렇게 오픈마인드 님의 성공 스토리와 부자가 되는 방법 등 동기부여에 관한 내용의 강의에 이어, 자연스럽게 내가 궁금하게 여겼던 토지에 관한 강의가 시작되었다. 나는 한마디라도 놓치지 않겠다는 일념으로 강의 내용을 꼼꼼히 메모하면서 집중했다. 토지 투자는 앞으로 내가 가야 할 방향이라고 생각했기 때문에 절대 한마디도 그냥 흘려들을 수 없다고 생각하면서 교육에 임했던 것이다.

강의 내용을 통해 정말 수많은 실전 경험을 바탕으로 쌓인 노하우와 지식들을 교육생들에게 아낌없이 전달하고 싶어 하는 오픈마인드 님의 마음이 느껴졌다. 강의를 들으면서 나는 이미 마음속으로 결정했다.

앞으로 나는 이분과 함께하겠다.
반드시 토지에 투자를 해야겠다.

그 이유는 아주 간단했다. 그 순간 나는 사람의 내면을 본 것이다. 교육 날 처음 만난 사람이지만, 이분이라면 앞으로 함께하고 싶고, 따라가고 싶다는 생각이 들었다. 사람을 오래 만난다고 다 아는 것도 아니고, 짧게 만난다고 모르는 것도 아니라고 생각한다. 그 순간 오로지 사람만 보게 된 것이다. 물론 토지 투자 분야의 정점에 올라 계신 분이기에 실력은 말할 것도 없고, 경험치로도 상상을 초월할 정도로 단기간에 수많은 경험을 쌓은 분이었다.

사실 나는 인생을 살면서 그때처럼 누군가와 꼭 함께해야겠다는 생각을 해본 적이 없었다. 그만큼 나에게 큰 영감과 영향을 끼친 사람이 없었던 것 같다. 그리고 살아오는 동안 내 주변에는 한 분야에서 최고의 전문가 반열에까지 올라간 분 또한 없었다. 그래서 그런지 그 짧은 만남은 나에게 매우 강렬하게 다가왔다.

오전 교육이 끝나고, 오후 교육이 시작되면서 오픈마인드 님은 반장을 선출해야 한다고 하셨다. 반장 역할을 맡아보고 싶은 사람이 없냐고 오픈마인드 님이 물었고, 실내에는 정적이 흐르면서 교육생 전원이 누가 나서는지 궁금해하면서 다들 고개를 이리저리 돌려 보기만 했다. 아무도 나서는 사람이 없자 오픈마인드 님은 나를 지목하면서 내가 반장을 하면 좋겠다고 하셨다. 그 순간 '이왕 이렇게 된 것, 내가 잘해봐야겠다'고 생각하면서 힘찬 목소리로 말했다.

"예, 제가 해보겠습니다!"

지금 와서 생각해보면 이때가 오픈마인드 님과 나의 직접적인 연결이 비롯된 시작점이 아니었나 싶기도 하다. 그렇게 나는 뜻하지 않게 9기 교육생 중 반장이 되었고, 그것을 계기로 9기 동기생들과의 만남을 더 깊게 이어갈 수 있게 되었다.

교육은 눈 깜짝 할 사이에 끝을 향해 가고 있었고, 얼마나 집중했는지 저녁때가 된 것도 몰랐다. 그 사이 열정적으로 강의하신 오픈마인드 님의 목은 잠겨버렸다. 한 가지라도 더 알려주려는 마음으로 끝까지 최선을 다하는 모습은 감동을 자아내기에 충분했다. 그날 받은 교육의 핵심 내용은 다음과 같다.

- 나만의 토지 투자 방식

- 실전 투자 사례

- 세금 절세 방안

- 오르는 땅의 기준

- 임장하는 방법

- 토지 출구 전략

- 잘생긴 땅과 못생긴 땅

- 토지에 대한 비과세 요건

- 토지 수익률 계산

- 사업용 토지, 비사업용 토지

- 향후 유망 투자 지역에 대한 분석

교육의 내용은 단 하나도 소홀히 여길 수 없는 토지 투자의 엑기스들을 한데 녹여놓은 듯했다. 오전 10시에 시작된 교육은 저녁 7시가 되어서야 끝났다. 교육이 끝난 시점의 나는 그 어느 누구보다도 열정에 사로잡혔고, 집으로 돌아와서는 그 끓어오르는 열정을 아내에게 쏟아붓기 시작했다.

"교육 내용이 얼마나 좋았으면 이러실까?"

아내는 이렇게 말하면서, 열정으로 설명하는 나의 이야기에 귀를 기울여주었다.

토지 투자를 향한 과감한 선택

토지 투자 멤버들과의 만남

교육을 마친 다음 날, 9기 교육생 반장으로서 카톡 단체방을 만들어서 교육생들끼리 인사를 나누며 소통하기 시작했다. 전국 각지에서 모인 교육생들이기 때문에 자주 만나기는 힘든 상황이지만, 마음만 먹으면 그 또한 아무런 장애가 되지 않는다고 생각했다. 그래서 바로 모임 일정을 잡아서 공지했다. 4명이 시간을 낼 수 있다고 해서 교육 후 2주 만에 평택에서 첫 모임을 갖게 되었다. 모인 분들 한 분 한 분이 투자에 대해 넘치는 열정을 지녔고, 적극적으로 해보겠다는 마음을 가지고 있는 게 느껴졌다. 그래서 반장으로서 꼭 투자를 해보자는 의견을 강하게 어필했고, 모두 그 생각에 동의해주었다.

당시 나는 갖고 있던 아파트들을 미리 정리하고 어느 정도 시드 머니를 확보하고 있던 상태였다. 100m 달리기 선수가 출발 직전에 준비 자세를 취하는 것처럼 나 또한 언제든 투자 가치가 높다고 판단되는 물건을 찾으면 즉시 투자하려는 준비 태세를 갖추고 있었다.

나는 투자를 하기 전에 우리도 토지 물건을 알아볼 겸 임장 활동을 해보자고 제안했다. 참석자들 전원이 동의해서 바로 임장 일정을 잡아 진행하기로 했다. 첫 임장 활동 지역은 안성으로 방향을 잡았고, 임장 멤버 중한 명이 부동산 중개업소들을 접촉해 세부 일정을 잡는 수고를 해주었다. 우리 9기 멤버들은 일주일에 한 번 정도 줌을 통해 화상으로 대화하며, 토지에 대한 공부도 함께 진행했다. 알면 알수록 다들 좋은 분이라는 생각이 들어 앞으로도 꾸준히 함께하고 싶은 마음이 점점 커져갔다.

9기 멤버들과 토지 투자에 대해 한마음 한 방향이 되어가던 어느 날, 갑자기 오픈마인드 님으로부터 연락이 왔다.

"안녕하세요, 9기 반장님? 다음 주 토요일에 각 기수별 반장님들을 모시고 현장 임장 교육을 해드리려고 합니다. 참석이 가능하신지요?"

"네, 그렇군요. 혹시 다른 일정이 있는지 확인해본 후에 바로 연락드리겠습니다."

통화를 마치고 일정을 확인해보니, 그 전날에 대구의 처갓집에 내려가기로 되어 있었다. 하지만 나는 그 교육을 놓치고 싶지 않았다. 생각지도 못한 좋은 기회라고 생각했다. 그 순간 내가 반장이 아니었다면 이런 기회가 내게 오지 않았겠다 싶어 운 좋게 반장이 된 사실에 감사한 마음이 들었다.

아내에게 다음 주 금요일에 아내와 딸아이를 대구에 데려다주고, 나는 바로 평택으로 다시 올라와서 다음 날 교육에 참석해야겠다고 말했다. 아내는 선뜻 그렇게 하라고 편하게 말해주었다. 바로 오픈마인드 님께 연락드렸다.

"오픈마인드 님, 다음 주 토요일에 계획하신 임장 교육에 저도 참석하겠습니다."

"네, 반장님. 아마도 많은 것을 배우는 기회가 되실 거예요."

"네, 가르쳐주시는 대로 많이 배우겠습니다. 이런 기회를 주셔서 감사합니다."

"반장님들 마인드가 다들 좋으셔서…, 저 또한 재미있을 것 같습니다."

임장 교육이 있기 전날 아내와 딸을 대구의 처갓집에 데려다주고, 곧바로 평택으로 돌아와서 그다음 날 임장 교육에 참여하게 되었다. 교육 참여자는 각 기수별 반장님, 또는 마인드가 좋으신 분들로 선정된 총 10명이었다. 오픈마인드 님이 직접 교육을 주관해 평택·안성·용인 등을 돌면서 투자한 토지별로 왜 그 토지에 투자하게 되었는지, 주변의 호재와 더불어 입지 분석 및 가치 분석을 아주 세부적으로 설명해주었다. 하나하나 설명을 들을 때마다 사람들에게서 감탄이 절로 나왔다. 이런 경험들은 하루아침에 그냥 생긴 것이 아니라 매일같이 현장에서 활동하며 쌓인 것이다. 수많은 토지 거래를 통해 경험하고 배운, 살아 있는 생생한 경험담이었다.

그날 함께한 10명은 어디에서도 체험할 수 없었던 소중한 임장 교육을 마치고 교육장으로 돌아와서 각자 자기소개를 통해 알아가는 시간을 가졌다. 그리고 즉석에서 '어벤져스'라는 이름의 모임을 탄생시켰다. 이렇게 탄생한 모임은 오픈마인드 님께서 가장 아끼는 사람들의 모임이 되었다.

인생 첫 토지 투자

나는 9기 모임과 어벤져스 모임에 참여하면서 투자 기회가 오기만을 기다렸다. 아무래도 9기 모임을 더 일찍 시작했던 만큼, 투자에 대한 결정은 그쪽에서 더 빠르게 진척되었다. 마침내 9기 모임 멤버 전원이 투자해보자는 쪽으로 의견을 모아 그 뜻을 오픈마인드 님께 전했다.

"김양구 대표님(오픈마인드), 안녕하세요? 9기 반장 권순기입니다."

"네, 안녕하세요? 반장님."

"대표님, 저희 9기 멤버들이 투자를 진행해보고 싶은데, 좋은 투자를 할 수 있도록 도와주세요."

"아, 그러세요? 그렇다면…, 조만간 입지가 아주 좋고, 투자 가치가 높은 물건이 나올 것 같습니다. 그 물건이 매물로 최종 확정되면, 제가 연락을 드리겠습니다."

오픈마인드 님은 적극적으로 투자를 해보고자 하는 9기 멤버들이 투자 가치가 높은 토지에 투자할 수 있도록 도움을 주기로 했다. 그로부터 며칠이 지났을 때, 오픈마인드 님으로부터 연락이 왔다.

"반장님, 잘 지내시죠? 지난번에 말씀하신 투자 건으로 연락을 드렸습니다."

"네 대표님, 말씀하신 물건이 나왔습니까? 저희가 그곳에 투자할 수 있을까요?"

"네, 반장님이 부탁한 일인데 당연히 도와드려야죠. 이 토지는 안성 고삼저수지 인근에 있는 물건으로 향후 고삼스마트IC가 개통되고 수변 공원이 조성되면, 많은 수요들이 생길 것으로 예상되어 투자 가치가 높다고 판단됩니다."

"네, 대표님. 저는 대표님이 추천해주시는 물건이라면 바로 투자하겠습니다."

"알겠습니다. 믿어주셔서 너무 감사합니다, 반장님."

이렇게 해서 오픈마인드 님과 토지 투자로 첫 인연을 맺기로 결정했다. 그 인연이 향후 함께 일하는 인연으로 발전할 줄은 그때는 전혀 상상하지 못했다.

투자를 결정하고 9기 멤버들과 함께 토지 매수 계약을 하기 위해 오픈마인드 님 회사를 찾았다. 오픈마인드 님은 우리가 투자할 토지에 대해서 다시 한번 더 상세하게 설명해주었다. 우리는 이미 투자를 결정했기 때문에 조금도 망설이지 않았다. 마침내 9기 멤버들과 함께 토지 투자를 하게 되었고, 첫 모임을 가졌을 때 적극적이고 굳은 의지로 투자해보자고 했던 생각과 말들이 현실이 되었다.

계약을 진행한 후, 나는 9기 멤버들에게 해당 토지에 바로 가보자고 제안했다. 모두들 들뜨고 즐거운 마음으로 안성 고삼저수지를 향해 출발했다. 가는 동안에도 우리가 투자한 토지가 빠르게 상승해 수익을 보는 그날을 한마음으로 바라는 대화가 이어졌다. 앞으로도 정기적인 모임을 통해 인연을 잘 이어가자면서 서로를 격려했다.

현장에 도착해서 대상 토지의 입지를 살펴보니, 주변에 개발이 가능한 땅들이 많지 않다는 점에서 희소가치를 높게 평가할 수 있었다. 그리고 고삼저수지 전망을 기대할 수 있는 자리였다. 향후에 고삼스마트IC가 개통된다면, 아름다운 고삼저수지 주변의 토지를 매수하려는 수요 또한 충분할 것으로 보였다. 역시 오픈마인드 님이 토지의 가치를 보는 안목은 아무나 흉내 낼 수 없이 탁월하다는 점을 다시 한번 느꼈다. 더욱이 우리가 계약한 해당 토지의 매수가는 주변 시세에 비할 때, 반값 수준도 안 되었기에 금액적인 메리트도 매우 컸다. 이제 시간이 모든 것을 해결해줄 것이라는 생각이 들었다. 임장을 하고, 앞으로 우리가 할 수 있는 것은 기다리는 일밖에 없다고 모두 말했다. 편안한 마음으로 기다려보자면서 즐거운 마음으로 각자 집으로 돌아갔다.

9기 모임 멤버들과 토지 투자를 진행하면서 어벤져스 모임에도 빠지지 않고 꾸준히 참석했다. 줌 화상 회의를 통한 어벤져스 모임에서도 투자해보자는 방향으로 활발히 의견을 나누었다. 각자의 의견들은 다양했고, 인원들이 많은 만큼 생각들이 하나로 일치되지 않는 경우도 생겼다.

개별 의견을 말하는 시간에도 나는 명확하게 초지일관 동일한 의견을 말했다. 토지 투자는 전문가의 힘을 빌려 안전하게 하고, 남는 시간에는 투자에 연관되는 공부를 병행하는 것이 가장 효율적이라는 게 내 의견이었다. 그렇게 시간이 흘러 결국 일곱 명이 공동법인을 만들어 운영해보기로 최종 방향을 잡게 되었다.

법인을 설립한 후, 대표님(오픈마인드)이 추천해주는 토지의 매매계약을 체결하게 되었다. 해당 토지는 산업단지 인근에 있는 토지로 향후 산업단지가 조성된다면 다양한 형태로 쓰일 수 있기에 누구나 탐을 낼 만한 땅이었다. 이렇게 매번 성공적인 투자를 할 수 있게 도와주는 대표님께 감사할 따름이었다.

기회의 땅에서
인생 2막을

공동법인을 만들어 투자를 해나가며, 입지가 탁월하고 미래 가치 또한 높은 토지들만 골라서 투자를 계속할 수 있다는 점을 생각하면, 그저 놀랍고 기쁜 마음만 들었다. 앞으로도 계속 이런 토지들을 대상으로 투자를 이어갈 수 있다면 얼마나 좋을까 생각했다. 어느 날 집에서 스스로에게 질문하고 답하는 시간을 가져보았다.

'어떻게 하면 이렇게 성공적인 토지 투자를 계속할 수 있을까?'

'회사에 복직한다면…. 어차피 월급으로는, 생활밖에 안 되는데?'

'그래, 복직은 더 이상 생각하지 말자! 그럼 어떻게 하면 빠르게 시드머니를 만들 수 있을까?'

'그렇지, 삼성반도체에 출근하는 공사 인력만 해도 7만 명 수준이니까, 거기 앞에서 뭐라도 해보자!'

이렇게 꼬리에 꼬리를 물면서 이어지던 생각은 마침내 삼성반도체 앞에서 뭔가 해보는 것으로 기울었다. 나는 고덕국제신도시 옆에 위치한 삼성반도체 회사의 출근 시간, 점심 시간, 저녁 시간 때에 맞춰 그 주변을 돌아다니면서 몇 가지 상황들을 체크했다. 농담 삼아 말하자면 출근 시간에 맞춰 그 입구 앞에서 김밥을 팔아도 될 것 같다는 생각이 들 정도였다. 드나드는 공사 인력들의 수요는 가히 상상을 초월했다. 그렇게 며칠간 고덕과 지제를 오가면서 삼성반도체 회사 주변의 상황을 보고 저녁에 집으로 돌아오는 길에, 삼성반도체 팹 공장 3기와 4기에 설치되어 있는 타워크레인들의 불빛을 바라보았다. 정말 장관이었다. 마치 전국의 모든 타워크레인들이 그곳에 모여 있는 것같이 보일 정도로, 어마어마한 숫자의 타워크레인이 불을 켜고 늘어선 모습이 그저 놀랍기만 했다. 그 순간, 차에서 바라본 타워크레인의 찬란한 불빛은 마치 나의 미래와 같다는 생각이 들어 혼자 중얼거렸다.

"저 불빛은 나의 미래와 같다. 나의 미래는 저렇게 빛날 것이다. 지금은 비록 정해진 것이 없지만, 나는 반드시 해낼 것이다."

타워크레인의 불빛 하나도 단순하게 보기보다는 왠지 모르게 나의 상황에 대입해서 의미를 부여하고 싶었다. 나는 그 불빛을 보며 단단하게 각오를 다졌다. 당시 내 미래는 결정된 것이 단 하나도 없었다. 그렇지만 왠지 모르게 자신감만은 넘쳐나고 있었다. 이렇게 나는 남은 인생을 걸고 평택에서 승부를 보기로 결심했다. '그래!! 기회의 땅, 평택에서 뭐라도 해보자!'

이때부터 무엇을 할지 생각하는 데 몰두하기 시작했다. 삼성반도체에 출퇴근하는 인력들을 상대로 하려면 먹고 자는 수요를 겨냥하는 것이 가장 먼저일 것이었다. 그렇지만 자는 데 필요한 수요는 내가 접근하기 힘든 부분일 테니, 결국 먹는 수요에 접근해서 풀어보면 되지 않을까 하는 생각이 들었다.

나는 평소에 맛집을 찾아가 식사하는 것을 좋아하는 편이었고, 맛있게 먹고 나면 그 식당 주인에게 감사한 마음이 들었다. 그리고 한편으로는 이런 식당을 운영하면서 사람들이 맛있게 먹는 모습을 보고, '맛있게 먹었다고 말하면서 웃음으로 인사를 건네는 사람들을 보면 얼마나 즐거울까?' 하는 생각을 하곤 했다. 그런 생각은 마침내 평택에서 식당을 운영해보자는 결심으로 이어졌다. 식당을 운영하기로 마음먹고 난 후, 나는 취급할 메뉴를 결정하기 위해서 고민하기 시작했다.

결정하면 바로 실행한다

오랜만에 이전 회사 동료와 통화를 하다가 함께 자주 갔던 식당의 메뉴 이야기가 나왔다. 그 대목에서 '그래!! 바로 이거야!!' 하며 어떤 메뉴의 식당을 할지에 대한 해답을 찾아냈다. 그건 바로 '뼈해장국'이었다. 평소 내가 좋아하는 메뉴고, 특히 남자들이 좋아할뿐더러 건설 현장 인력들에게는 최적의 메뉴로 생각되었다. 회사 동료와 자주 가던 그 식당은 언제나 손님들이 가득 찰 정도로 장사가 잘되는 곳이었다. 맛으로 치면 외국인을 데려가도 맛있다고 할 정도로 검증이 된 곳이었다. 뼈에 붙어 있는 고기와 진하게 우려낸 국물은 육체노동을 하는 건설 현장 인력들에게는 든든한 한 끼 식사로 안성맞춤이었다.

메뉴를 결정한 나는 바로 그 뼈해장국 식당의 사장님께 연락해 체인점을 개설할 의향이 있는지 문의했다. 그 식당은 평소에도 인지도가 높은 식당이었기에 이미 체인점 사업을 하고 있는지도 모르는 채 연락한 것이었다. 그런데 이게 웬일인가! 지금 본격적으로 체인점 사업을 진행하고 있는 단계라는 것이었다. 나는 평택에 체인점을 내고 운영하고 싶다고 말했다.

"경기도 평택이라고요? 평택이라면 거리상 뼈 공급이 어렵습니다. 그래도 하시겠다면, 그건 따로 공급처를 찾으셔야 합니다."

"아, 그렇군요. 괜찮습니다. 뼈 공급처는 제가 찾아보도록 하겠습니다."

이렇게 통화를 하고 난 후, 바로 상담 일정을 잡았다. 통화를 한 날이 금요일이었고, 식당 휴무일인 바로 다음 주 월요일에 만나서 상담하기로 약속을 잡았다. 나는 약속된 월요일에 굳은 의지를 갖고 대구로 내려갔다.

뼈해장국 식당의 사장님을 만난 자리에서 나는 준비한 질문 내용을 순차적으로 물으면서 대화를 이어갔다. 사장님은 이렇게 많은 질문을 준비하고, 열정적으로 접근하는 사람은 처음 본다면서 무척 놀라워하면서도 칭찬해주셨다. 사실 나는 그 누구보다 간절함이 있었기에 그 사장님 눈에 열정적으로 비친 것 같다. 나는 반드시 뼈해장국 식당을 성공적으로 운영해 빨리 투자에 들어갈 시드 머니를 모으겠다는 생각뿐이었다. 그렇게 상담이 끝나갈 때쯤 나는 주방을 보여줄 수 있겠냐고 물었다. 그러자 식당 사장님께서는 그건 영업 비밀상 보여줄 수 없다고 단호하게 말씀하셨다. 그래서 그 자리에서 강한 의지가 담긴 목소리로 확고한 나의 포부를 말씀드렸다.

"사장님, 경기도 체인 운영권을 저에게 주십시오! 경기도는 제가 책임지겠습니다."

그 말을 듣고 사장님께서는 이제까지 체인점 계약을 하기로 결정된 상태에서만 주방을 공개했지, 계약이 결정되기 전에 보여준 적은 단 한 번도 없다고 말씀하셨다. 그렇지만 나의 확고한 의지를 보시고는 마침내 승낙해주셨다.

나는 감사하다고 연신 인사를 드렸고, 다음 날 맛있는 빵을 사 들고 그 식당의 주방을 방문했다. 주방을 보여 달라고 한 나의 목적은 주방의 운영 방법과 뼈해장국을 만드는 작업 강도, 맛의 편차 수준, 관리의 어려움 등을 파악하고, 전반적으로 수월하게 운영할 방법을 찾을 수 있을지에 대한 부분을 가늠해보자는 것이었다. 향후 이것을 시스템화하는 것이 나의 목표였다. 그날 나름대로 주방의 관리 방법에 대해서 파악하고, 내일 하루만 주방을 더 볼 수 있게 해달라고 사장님께 부탁드렸다. 사장님은 젊은 사람이 참 열심히 한다면서 흔쾌히 허락해주셨다. 이렇게 나는 이틀간 식당의 주방과 홀이 돌아가는 모습을 보면서 꼼꼼히 체크했다. 그러면서 과연 이 메뉴로 결정하는 것이 옳은 선택인지에 대해서도 신중히 생각해보았다. 결국 뼈해장국을 메뉴로 결정하고, 평택으로 돌아와서 삼성반도체 인근의 식당 자리를 알아보기 시작했다.

정말 속전속결이 아닐 수 없었다. 하지만 벽에 부딪히는 일이 발생하고 말았다. 그건 바로 아내의 반대였다. 아내는 회사로 돌아가서 앞으로 미래에 대한 준비를 해도 늦지 않으니, 복직하기를 바랐다. 나는 아내에게 회사 생활에는 이렇다 할 비전이 없음을 충분히 설명했다. 직장 생활을 하더라도 남은 기간이 그리 길지 않기 때문에 그 후 무엇을 할지 막막한 상황에 대해서도 이야기했다. 아내의 입장에서는 왜 이렇게 불확실한 상황을 만들면서 위험을 감수하려 하는지 이해를 못 하겠다는 반응이었다.

사실 아내의 의견을 이해하지 못하는 것은 아니었지만, 조금이라도 젊을 때 무엇이라도 이루고 싶은 나의 마음은 꺾이지 않았다. 며칠을 두고 많은 대화를 나눈 결과, 아내는 결국 또 한 번 나를 믿는 마음으로 내 뜻에 따라주었다. 아내의 응원에 더욱 힘을 내 삼성반도체 인근의 부동산 중개업소들을 찾아다니며, 원하는 면적으로 식당을 하기에 좋은 자리를 알아보기 시작했다.

좋은 책은 널리 알려야 한다

식당 메뉴를 정하고 이런저런 일들을 알아보던 중에 오픈마인드 님의 책이 출간되었다는 소식을 접했다. 그분의 강의를 매우 감명 깊게 들었던 나이기에, 책이 나오면 제일 먼저 주문해서 읽어보고 싶은 마음이 굴뚝 같았다. 인터넷을 통해 한 번에 책 30권을 주문했다. 아직 읽어보지 않은 상태였지만, 훌륭한 내용의 책일 것이라는 확신이 있었다. 마침 오랜만에 친구와 만날 약속이 있었는데, 그 친구에게 이 책을 선물로 주고 싶었다. 주문한 책은 친구와의 약속 전날에 도착했다. 그런데 그 책을 그냥 주기보다는 저자의 사인을 받아서 주고 싶은 마음이 들었다. 그래서 오전에 오픈마인드 님께 책에 사인을 받고 싶은데, 방문해도 괜찮은지 전화를 드렸다.

"김양구 대표님, 혹시 책에 사인을 받으러 가도 괜찮을까요?"

"순기 씨, 지금은 시간이 괜찮으니까 바로 오세요."

"네, 감사합니다. 출발하겠습니다."

30권 중 우선 10권에만 사인을 받기로 했다. 오픈마인드 님은 여러 권의 책을 가지고 온 나에게 무척 고맙다고 말했다. 책에 저자의 사인을 직접 받는 경험은 처음이기에, 나에게는 큰 의미로 다가왔다. 엄청나게 영광스럽게 느껴지고, 그 책을 소중히 간직하고 싶어졌다. 오픈마인드 님은 그때 사인과 함께 짤막한 코멘트를 적어주셨다.

권순기 님, 당신은 분명히 기회를 잡으셨습니다.

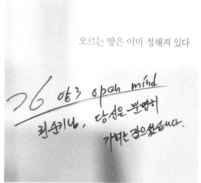

저자 사인을 받고 기념으로 오픈마인드 님(좌측)과 촬영한 사진 / 오픈마인드 님이 사인과 함께 적어준 코멘트(우측)

그 코멘트를 보며, '오픈마인드 님이 어떤 생각으로 이렇게 적어준 걸까? 정말 내가 엄청난 기회를 잡은 걸까?' 이런 생각이 스쳐 지나갔다. 어쩌면 누구에게나 이렇게 적어주는 것인데, 나 혼자 너무 오버하는 것일지도 모른다는 생각도 들었다. 나머지 책에는 동일하게 '간절하면, 반드시 이루어진다'라고 적어주었다. '그렇다. 정말 간절하면 이루어지는데, 나의 간절함도 언젠가는 이루어지겠지.' 그 순간, 꼭 그렇게 되기를 간절히 바랐다.

사인을 모두 끝낸 오픈마인드 님이 사진을 찍자고 하셔서 활짝 웃는 얼굴로 함께 사진을 찍었다. 나는 그 순간을 잊을 수 없다. 뭔가 내가 오픈마인드 님에게 특별한 사람이 된 것만 같았기 때문이다.

"가능하다면 이 좋은 책을 많은 사람들에게 나눠주고 싶어요."

"순기 씨, 그 마음 잊지 않을게요."

"오늘 친구를 만날 예정인데, 그 친구에게 저자의 사인이 있는 책을 꼭 주고 싶었거든요. 이 책을 읽고 친구의 생각이 많이 바뀌면 좋겠어요."

"정말 내가 중요하게 생각하는 것들과 경험치들을 모두 녹여 쓴 책이에요. 야생화같이 거친 내용의 책이라서…, 읽는 이에게는 오히려 더 잘 와닿을 수 있어요."

소중한 시간을 뒤로 하고 친구와의 약속 장소로 이동했다. 친구를 만나서 정말 귀한 분의 사인을 받은 책이니까 꼭 끝까지 읽어보라고 말했다. 사실 그 친구는 오픈마인드 님을 모르고 있기 때문에 내가 생각하는 만큼의 소중함을 느끼지 못 할 수도 있다. 다만 나는 그 친구에게 돈보다도 더 소중하고 가치 있는 것을 준 것이다. 어떤 이는 그 책으로 인생의 터닝포인트를 맞이할 수도 있다. 나는 친구에게 돈의 가치로 매길 수 없을 만큼 귀한 선물을 준 것이라고 생각한다.

목표를 향해
우회하는 길을 선택하다

토지 투자라는 궁극적인 목표를 위해 선택한 다른 길

그러던 어느 날, 오프라인에서 어벤져스 모임을 갖게 되었다. 모임 장소는 오픈마인드 님의 농장이었다. 농장에서 오랜만에 만난 멤버들과 즐겁게 이야기를 나누었고, 화로 주변에 모여 먹음직스럽게 구워진 고기를 맛있게 먹었다. 다들 토지 투자에 대한 이야기를 나누었다. 오픈마인드 님께서는 토지 투자와 관련된 최신 정보와 지식들을 이야기 중간중간에 들려주곤 했다. 지난번에 공동법인을 설립할 때, 나는 좀 더 빠르게 시드머니를 만들기 위해 회사로 복직하지 않고 평택에서 식당을 개업할 예정이라고 이야기한 적이 있었다. 그 이야기를 어벤져스 반장이 대표님(오픈마인드 님) 앞에서 밝혔다.

"대표님, 순기 씨는 회사에 복직하지 않고, 그냥 평택에서 식당을 운영하려고 한대요."

"왜 노동을 해서 돈을 벌려고 해요? 식당 일이 얼마나 힘든데…. 그거… 아니에요! 다시 생각해봐요."

"대표님, 지금 제가 가장 빠르게 시드 머니를 모을 수 있는 방법은 식당밖에 없는 것 같아서…."

"눈높이를 낮추어서 투자하면 1년에 20~30%의 수익을 내는 건 어렵지 않아요. 차라리 투자를 그렇게 하지…, 식당을 한다는 건 아무래도 아닌 것 같아요."

오픈마인드 님은 내 눈을 바로 보며 부드러우면서도 단호하게 말했다. 나에게는 스승님 같은 분이라고 생각하고 있었기 때문에, 그 말을 그냥 흘려들을 수가 없었다. 그렇다고 뾰족하게 다른 방법이 있었던 것도 아니기에 머릿속이 복잡해졌다. 앞으로 평택에서 살아가면서 스승으로 여기는 오픈마인드 님을 볼 일이 많을 텐데…, 내 계획을 그대로 밀어붙인다면 신경 써서 해주시는 말을 거스르게 될 것 같아서 다소 마음이 쓰였다. 그렇지만 나는 이미 식당을 하기로 마음먹었기 때문에 오로지 그 길만 가겠다고 생각하고, 멈추지 않았다.

그로부터 며칠이 지나서 어벤져스 모임의 멤버 중 한 분으로부터 연락이 왔다. 그분은 김치찌개 체인점을 대략 10군데 이상 내주고, 직영점도 세 군데나 운영하고 있는 분이었다.

"식당을 하려고 한다면서? 식당 운영이란 게 생각보다 많이 힘들어."

"사장님, 저는 이미 식당을 하기로 결심해서…. 꼭 한번 해보고 싶어요."

"그렇게 식당을 해보고 싶다면, 우리 가게에 와서 하루라도 좋으니 식당 일을 해보고 결정하는 게 좋을 것 같은데!"

"네, 그거 좋은 말씀이네요. 그럼 당장 내일부터 가서 한번 해보겠습니다."

식당 운영이 얼마나 힘든 일인지 누구보다 더 잘 알고 있던 김치찌개 식당 사장님의 배려로 며칠간이라도 일을 해보기로 했다. 그런데 식당 일을 해보니, 내 적성과 아주 잘 맞았다. 식당에 오시는 손님들을 반갑게 웃으면서 맞이하고, 주문받은 음식을 제공할 때는 정성 가득한 표정으로 맛있게 드시라고 인사를 드리는 그 일이 손님과 나 서로에게 즐거운 일이라고 생각했다.

식당에서의 첫날은 홀에서 서빙을 했다. 함께 서빙하는 이모와 주방에 계신 실장님과는 하루 만에 친해졌다. 이왕 체험하는 것이니 좀 더 해보자고 생각해서, 며칠간 식당으로 출근해서 도와드렸다. 김치찌개 식당에서 손님으로부터 팁을 받는다는 것은 의외로 상상하기 힘든 일이다. 메뉴 단가가 높지 않기 때문에 팁으로 만 원만 주어도 지불해야 할 밥값 수준의 금액이 되기에 그런 일은 흔한 일이 아니다. 그런데 며칠째 서빙 체험을 하고 있을 때, 어느 노부부가 김치찌개를 드시면서 나를 불렀다.

"학생, 정말 일을 열심히 잘하네. 보기 좋아서 주는 거니까, 차비로 써요."

"아닙니다. 저는 마땅히 제가 할 일을 했을 뿐인데요. 정말 괜찮습니다."

"학생, 내가 정말 주고 싶어서 그러는 것이니까, 그냥 받아요."

부부 중 아주머니께서 만 원짜리 한 장을 내밀어 극구 사양하는 나의 손에 쥐어 주셨다. 순간 김치찌개 집에서 팁을 주는 일도 있는가 싶어서 놀랐다. 주시겠다는 분이 민망해할까 싶어서 감사히 잘 받겠다고 깍듯이 인사하고 그 돈을 받았다. 지인의 가게에서 식당 일을 체험해보려고 와서 일하는 것이었지만, 평소에 내가 일을 대하는 스타일에서 벗어날 수는 없었다. 나는 이왕 하는 것이니, 열심히 잘 해보자는 생각으로 임했다. 그게 내가 일을 대하는 기본적인 생각이다. 그 부부는 열정적으로 일하는 나의 그런 모습을 보고 흐뭇해지셔서 뭔가 내게 도움을 주고 싶었는지도 모른다.

식당 일 체험을 한 지 3일째 되었을 때, 식당 사장님과 이야기를 나누게 되었다.

"식당 일이 많이 힘들지? 며칠 일해보니 어떤가?"

"사장님, 저는 식당 일이 정말 재미있네요. 제 적성에 잘 맞는 것 같습니다."

"며칠 일하는 것을 보니까, 무슨 일을 해도 잘하겠네. 식당을 해도 잘할 것 같아."

"그런가요? 사장님, 감사합니다."

그분은 열심히 일하는 나의 모습을 보고 나의 능력치 이상으로 과분한 칭찬을 해주셨다. 그렇게 며칠 식당 일을 할 때, 운영하는 직영점 상황들을 확인하기 위해서 순회하는 사장님을 따라 나도 함께 나선 적이 있다. 그 과정에서 그분에게는 직영점 여러 개를 운영하는 게 다소 복잡하고 힘들어서 한 군데 정도는 정리하려는 마음이 있다는 것을 알게 되었고, 거기를 내가 인수하면 어떨까 하고 생각하게 되었다.

당초 나의 계획은 삼성반도체 근처에서 식당을 하는 것이었고, 그 초심이 흔들리지 않게 하려고 노력했다. 하지만 현실적으로는 어느 정도 자리가 잡힌 식당을 인수하는 것이 안정적이라는 것도 부정할 수 없었다. 그래서 최초의 계획을 변경해 김치찌개 식당 사장님의 가게 중 한 곳을 인수할 의향이 있다는 의견을 사장님께 전달했다. 그 가게는 왕복 6차선 도로에 접해 있었다. 차량 유동성이 많아서 앞으로 내가 어떻게 운영하느냐에 따라서 매출을 얼마든지 더 올릴 수 있는 여력이 큰 곳이었다. 게다가 주변에 산업단지가 있으며, 주거 단지도 크게 형성되어 있었다. 한창 공사 중인 신축 아파트들 또한 여러 곳이라서 향후 매출을 증대하기에 큰 장점을 갖고 있었다.

코로나19 팬데믹이 시작되는 시점에 오픈한 가게라서 처음에는 오히려 손해를 봤다고 했다. 하지만 코로나의 기세가 점차적으로 가라앉으면서 조금씩 매출이 상승하고 있는 상태였다. 매장 85평에 주차장이 300평에 가까운 아주 큰 규모의 식당이었다. 식당을 운영하려는 사람이라면 누구나 한 번쯤 부럽게 느낄 만한, 번듯한 가게였다. 식당을 오픈한 지 2년 정도밖에 안 되었기에 오히려 나는 앞으로 매출을 급상승시킬 자신이 있었다.

짧은 시간 내에 그 매장의 부족한 부분들을 분석해서 보완할 방법들을 모두 찾아냈다. 오직 그 가게를 운영할 생각으로 나의 머릿속은 꽉 차고 말았다. 그 사이에도 어벤져스 모임은 서로 시간이 맞을 때마다 오픈마인드 님 농장에서 진행되었다. 평일이든 주말이든 시간이 되는 사람들은 모여서 한 번이라도 더 오픈마인드 님과 시간을 갖기를 원했다. 그렇게 모임을 하는 날이면, 처음에는 안부를 주고받으며 토지 투자 이야기를 하다가 나중에는 자연스럽게 내가 준비하는 식당 창업에 관한 이야기가 화제가 되었다. 모두 그 점에 대해 궁금해했기 때문이다.

회사를 휴직한 상태에서 가족들을 모두 데리고 평택으로 이사를 오기까지 했는데, 이번에는 회사로 복직하기는커녕 아예 퇴사하고 식당을 운영하겠다고 하니, 걱정하는 분들이 있는가 하면 잘해보라며 응원해주는 분들도 있었다. 그렇지만 걱정하는 분들이 훨씬 더 많았고, 특히 대표님(오픈마인드)은 또다시 나에게 걱정스럽게 말하셨다.

"아직도 식당을 하려고 생각하는 거예요? 그거… 아니라니까, 왜 그렇게 힘든 길을 가려고 하는지 모르겠네."

"대표님, 저는 노동을 하는 게 목표가 아니에요. 1년 안에 반드시 2호점을 내고…. 지속적으로 매장 수를 늘려갈 생각입니다."

이렇게 말씀을 드려도 대표님은 여전히 강하게 만류했다. 참 난감했다. 어떻게 해야 할지 마음이 불편하고, 머리가 복잡해졌다. 그렇지만 나에게는 그 외에는 뚜렷한 방향이 보이지 않았다. 이제 직장 생활은 더 이상 하고 싶지 않았다. 그렇다고 사업을 하기에도 명확한 아이템이 있는 것도 아니기에 적성에 잘 맞는 식당만이 나의 길이라고 생각했다.

그때 어벤져스 모임 멤버들은 나에게 한번 대표님께 일을 시켜달라고 부탁해보라는 조언을 해주었다. 하지만 나에게는 스승과 같은 분이었다. 토지 투자 세계에서 알려진 초고수라고 생각하니, 그분 앞에서는 언제나 말을 쉽게 할 수 없었고 조심스럽기만 했다. 그래서 그런지 토지와 관련된 일을 해보고 싶다는 말도 도저히 꺼낼 수 없었다. 나의 진짜 속내를 털어놓고 이야기한다는 것은 그분께 너무 부담을 주는 것 같아서 선뜻 이야기하기가 힘들었다.

그래서 결국 나는 주변의 우려에도 불구하고 식당을 운영하기로 한 애초의 계획을 끝까지 밀어붙이기로 작정했다. 부정적으로 바라보는 시선, 안될 거라는 말, 주변의 우려를 불도저같이 모두 밀어버리고 보란 듯이 멋지게 성공하는 모습을 보여주고 싶었다. 식당을 운영하면서 내가 육체적 노동을 하는 게 목표가 아니었다. 처음부터 1년 안에 2호점을 오픈하겠다는 목표를 세웠고, 2호점 오픈부터는 점장제를 도입해 점포를 늘려가는 것이 나의 최종 목표였다.

그렇게 며칠의 시간이 흘러 김치찌개 식당 사장님과 권리금을 조율하는 단계까지 일이 진행되고 있었다. 그때까지만 해도 나는 매일 번듯한 식당을 운영하면서 나날이 성장해나가는 모습을 상상했다. 그리고 잘할 수 있다는 생각으로 하루하루 시간을 보냈다.

시간이 조금 흐른 어느 날, 오픈마인드 님으로부터 전화가 걸려왔다. 밥 먹으러 농장으로 오라는 말씀이었다. 오픈마인드 님은 한달음에 달려 간 내게 고기를 구워주며 내 근황을 물었다. 여전히 식당을 운영하려는 생각을 버리지 못했고, 식당을 인수하기 전에 마지막으로 권리금을 조율 하고 있는 중이라고 말씀드렸다. 그러면서 식당 운영을 통해 직장에 다닐 때보다 더 나은 생활을 할 수 있고, 수익 또한 얼마든지 창출할 수 있다 고 자신감에 찬 목소리로 이야기했다. 내 이야기를 들은 오픈마인드 님은 걱정 어린 표정으로 한마디했다.

"왜 그 좋은 회사를 그만두려고 해요? 이럴 거면 직장으로 돌아가요! 정말 순기 씨가 동생같이 생각되어서 하는 말이에요."

나는 그 자리에서 아무 말도 할 수가 없었다. 오픈마인드 님은 우선 회 사에 복직하고, 그 후에 무언가 확실한 준비가 되었을 때 회사를 그만두 어도 늦지 않으니 무리하지 말라고 말했다. 한마디, 한마디가 뼈를 때리 는 말에 절망감이 엄습하면서 고민이 많아졌다.

행운은 노력하는 자에게

갑작스러운 장인어른의 뇌출혈

그러던 어느 날 늦은 밤, 장모님으로부터 전화가 왔다. 장인어른이 급성 뇌출혈로 응급실에 가셨다는 것이었다. 하늘이 무너지는 듯했다. 그날 저녁 손녀와 통화까지 하신 분이 갑작스럽게 뇌출혈로 쓰러지셨다는 사실을 믿을 수가 없었다. 아내와 딸을 데리고 허겁지겁 대구로 내려갔다. 장인어른은 이미 의식을 잃은 상태였고, 마지막 인사도 나누지 못하고 하루도 채 안 된 상황에서 가족들과 영영 이별을 하시고 말았다. 이해할 수 없는 상황을 두고 온 가족들은 눈물만 흘릴 수밖에 없었다. '사람이 이렇게 허무하게 떠나갈 수 있구나! 그토록 예뻐하고 사랑하던 손녀들을 남겨두고 하루아침에 홀연히 떠나시는 마음은 어떠실까?'

가슴이 찢어지는 듯한 아픔에 울컥하는 마음을 주체할 수 없었다. 그리고 한편으로 내 딸을 비롯해 아이들도 자기들을 그렇게 사랑해 주시던 할아버지를 다시는 볼 수 없다는 사실을 어떻게 생각하고 받아들일까 하는 생각에 더욱 가슴이 아팠다. 장인어른은 나에게 아버지 같은 분이셨다. 손녀들을 너무 사랑한 나머지 같은 아파트로 이사를 오실 정도였다. 일주일에 3~4일 정도는 함께 식사하며 시간을 같이 보냈다. 매일같이 손녀들과 놀아주는 것을 큰 기쁨으로 여기시고 그것을 가장 우선적인 일과로 생각하신 분이었다. 그리고 주변에서도 항상 인정을 받을 만큼 멋진 분이셨기에 그분을 떠나보내는 슬픔은 좀처럼 가실 줄을 몰랐다.

혼자 남게 되신 장모님이 걱정되어 우리 집으로 모시고 왔다. 가족들 모두 슬픈 마음을 달래고 바로잡기 위해 함께 노력했다. 그렇게 한 달의 시간이 흐르는 동안 온 가족들은 아무것도 할 수 없었다. 나 또한 아무것도 손에 잡히지 않았다. 그러다가 시간이 조금씩 흐르면서 점차 일상으로 돌아올 수 있었다.

2022년 12월, 그동안 손을 놓고 있던 식당 운영 건에 대해서 다시 관심을 가지고 어떻게 할지 최종 결정을 내려야 할 상황이었다. '그래, 식당을 할 거라면 최대한 빨리 시작해보자! 어차피 할 건데 하루라도 빨리 시작해서 매월 수입이 정기적으로 들어오면 생활비라도 아낄 수 있을 테니까…' 이런 생각을 하면서, 김치찌개 식당 사장님께 연말까지는 지금대로 지내고, 내년 1월부터 내가 가게 운영을 해보겠다고 말씀드렸다. 신속하게 식당을 인수해 운영하기 위해 박차를 가했다. 나는 그렇게 최종 결단을 내린 것이다. 이제 다른 것은 생각할 겨를도 없었다. 오로지 어떻게 하면 식당 매출을 올릴 수 있을지에 대해서만 생각하고, 롱런할 수 있는 방안들에 대해서 집중하고 있었다.

1%의 기적, 갑자기 찾아온 기회

그러던 어느 날, 오픈마인드 님께서 전화를 해오셨다. 모임의 멤버들을 통해 나에 대한 소식을 계속 듣고 계신 것 같았다.

"잘 지내요? 지금 뭐 하고 있어요?"

"네, 대표님. 잘 지내고 있습니다. 지금 대구에 내려와 있습니다."

"아, 그렇구나! 시간 괜찮으면 사우나 함께하려고 했는데…, 그건 안 되겠네."

"아, 아쉽네요. 여기에서 일 보고 평택에 올라가면, 그때 사우나에 함께 가시죠."

나는 그저 자연스럽게 안부를 묻는 전화로만 생각했다. 오픈마인드 님께서는 가끔 내게 안부 전화를 주셨다. 이런 연락을 받을 때마다 성공한 분이 평범한 나에게 관심을 가져주신다는 것에 마냥 고마운 마음이었다. 그런데 이 전화 한 통이 나의 인생을 180도 바꿔버릴 줄 그때는 몰랐다! 지금 생각해도 가슴이 벅차다. 안부 인사가 끝났을 때, 나는 갑작스러운 질문을 받았다.

"순기 씨, 나를 믿을 수 있어?"

"네, 저는 대표님을 100% 믿습니다."

"정말 내가 어떠한 일이 있더라도…, 나를 믿어줄 수 있어?"

"네, 저는 대표님을 정말 믿을 수 있습니다."

"그럼, 순기 씨가 꿈꾸는 그 꿈, 내가 이루어줄게. 내일부터 당장 출근해."

나는 영화 속의 대사와 같은 그 말을 듣고, 너무 기뻐서 소리를 지르며 환호했다. 이렇게 나는 그토록 바라던 부동산 일을 대한민국 최고의 토지 전문가와 함께할 기회를 얻었다. 행운이 따른 것이다. 그 기쁜 소식을 아내에게 제일 먼저 알렸다. 아내는 그 일을 내가 오랫동안 해보고 싶어 했다는 것을 아주 잘 알고 있었기에 함께 뛸 듯이 기뻐해주었다. 그러나 옆에 계시던 장모님은 걱정스러운 얼굴로 나를 바라보셨다.

"권 서방, 왜 좋은 직장을 그만두려고 하나?"

"장모님, 지금 일하려는 곳은 다니던 회사와는 비교도 안 될 만큼 좋은 곳이에요."

"아무튼 권 서방이 알아서 잘하겠지만… 신중히 잘 생각해서 움직이게나."

"네, 장모님, 너무 걱정하지 마세요. 제가 잘해서 성공하는 모습을 꼭 보여드릴게요."

나는 그 즉시, 식당을 하겠다는 생각을 단 1초도 망설이지 않고 내려놓을 수 있었다. 김치찌개 식당 사장님께도 말씀드리니, 아주 잘된 일이라고 오히려 기뻐해주셨다. 인생은 알 수 없다는 게 이런 경우를 두고 하는 말인 것 같다. 내가 그토록 간절히 바라던 것이 이루어지는 순간이었다. 역시 간절하면 이루어질 수밖에 없는 것인가?

간절하다면 말로만 간절하다고 해서 이루어지는 것이 아니라, 행동으로 표출하고 몸으로 실천해야 그것이 이루어진다고 생각한다. 나는 99% 식당을 운영하며 내 인생을 개척하겠다고 결심했었고, 토지 관련 일을 할 수 있을 것이라고는 단 1%도 생각하지 못했다. 그러나 나에게 기적 같은 일이 발생했고, 그 기적은 단지 작은 시작에 불과했다.

오픈마인드 회사에
첫 출근하던 날

2023년 1월 2일 월요일 아침, 그토록 바라고 원하던 오픈마인드 회사에 부장이라는 직함을 갖고 첫 출근을 하게 되었다. 새로운 일터에서 새로운 사람들과 함께 일할 생각을 하니, 몹시 설레고 기대되었다. 낯선 환경과 낯선 일은 누군가에게는 두려움의 대상이 될 수도 있겠지만, 누군가에게는 도전에 대한 생각으로 열정을 불러일으킬 수도 있다. 나는 후자에 가까웠다. 내가 원하던 일이기에 두렵기보다는 재미있게 즐기겠다는 생각뿐이었다. 이렇게 부푼 기대감과 설렘을 안고 오픈마인드 회사로 출근하는 길은 그날따라 온 세상을 비추는 해가 더 밝아진 것 같은 기분을 만끽했다. 농장의 강아지들이 출근하는 나를 향해 경계하는 듯 짖었는데, 그 소리는 오히려 아침에 가장 먼저 나를 반겨주는 소리로 들렸고, 새로운 내 인생의 출발을 알리는 신호 같았다.

회사의 문을 열고 들어가서 김양구 대표님께 힘차게 인사하고, 직원한 분 한 분에게 반갑고 기쁜 마음으로 인사했다. 모두가 자리에 앉은 상태에서, 오픈마인드 님께서는 그날부터 같이 일하게 된 나를 직원들에게 소개해주었다. 나는 짧은 자기소개와 함께 여기 계신 분들과 가능한 한 빨리 친해지도록 노력하겠다고 말했다. 결국 어느 조직이든 조직원들과 빠르게 융화되는 것이 가장 중요하다고 생각했기 때문이다.

직원들 모두가 선한 얼굴을 지니고 있었고, 배려심이 많은 것 같았다. 새로 온 나를 따뜻한 미소로 맞아주었다. 새로운 가족이 들어왔다는 것을 반기며 모두가 앞으로 함께 잘해보자는 응원의 메시지를 보내줬고 나는 미소 지었다. 그리고 마음속으로 생각했다. '이런 좋은 사람들과 좋은 환경이라면, 평생 함께하고 싶다.' 그리고 새로운 분야에 이제 갓 입사한 신입사원이 되었다고 생각하고, 처음부터 다시 시작하는 마음가짐으로 임하자고 결심했다. 갓 입사한 사람이 직원들과 스스럼없이 이야기를 나눌 수 있는 모든 것이 마냥 즐겁고 행복했다. 그저 꿈을 꾸고 있는 것만 같았다. '어떻게 내가 여기에서 일할 수 있게 됐지? 믿을 수 없어! 이게 꿈은 아니겠지?'

많은 사람들이 대표님과 일하는 것을 꿈꾸고, 실제로 채용을 부탁하는 경우들이 많다고 알고 있는데, 이게 꿈이라면 깨고 나서 진짜 억울할 것 같았다. 그래서 나의 볼을 살짝 꼬집어보았다. 볼이 꼬집히는 감각이 느껴지는 것을 보니 현실인 걸 느끼게 되었고, 날아갈 듯 기쁘고 감사한 마음이 가득 차올라 가슴이 뛰었다.

간절함을 갖고 무언가에 열정적으로 임할 때, 그 모습을 보고 누군가가 도와줌으로써 바라던 바를 이룰 수도 있다. 나는 그것을 직접 경험한 주인공이다. 그래서 이 말을 꼭 해주고 싶다. 당신도 분명 간절히 무언가를 바라고, 의지를 갖고 열정적으로 움직인다면 행운이 찾아올 것이라고 말이다. 나에게도 이런 엄청난 행운이 찾아온 것이다. 사실 그때까지 살면서 행운이란 것을 믿고 살지는 않았다. 말도 안 되는 행운이 나에게 찾아올 것이라고는 생각하지 않았다. 스스로가 노력한 딱 그만큼의 결과가 돌아온다고 생각했다. 꾸준히 노력하는 과정에는 뜻하지 않는 행운까지 동반될 수 있다는 것을 그때는 알지 못했던 것이다.

그러나 이제는 생각이 완전히 바뀌었다. 엄청난 간절함은 어떻게든 이루어질 수밖에 없다는 게 내 신념이다. 설령 그것이 누군가의 도움에 의한 것일지라도, 반드시 이루어진다. 다만 조금의 노력으로 좋은 결과를 바라는 것은 욕심이다. 많은 사람들은 약간의 노력을 하면서 많이 이루기를 바라는 경향이 있다. 그렇게 해서 좋은 결과들과 행운이 따른다면 정말 세상은 불공평하다고 생각할 수밖에 없을 것이다. 사실 확률적으로 이런 경우는 거의 없는 확률에 가깝다고 생각한다. 그래서 요행을 바라는 것은 어리석은 짓이다. 진정한 간절함 뒤에는 엄청난 열정과 노력이 숨겨져 있다는 것을 깨달아야 한다.

첫 출근을 하기 전에 김양구 대표님은 나에게 2023년도의 목표를 세워서 오라고 하셨다. 1월 2일에 전 직원 모두가 각자의 연간 목표를 발표하기로 정해져 있었기 때문이다. 나는 12월 초에 미리 새해의 개인 목표를 세워놓았다. 그렇지만 새롭게 시작할 토지 관련 업무에 대한 목표는 새로 세워야 했고, 그래서 고민이 되었다. 다양한 측면에서 고민한 후에 최종 목표를 추가해 출근할 때 가져갔다.

직원들 각자 돌아가면서 자신이 세운 연간 목표를 발표했다. 나는 직원들 모두가 매우 진취적인 목표를 세우고 있다는 점에서 감탄했다. 역시 목표가 있는 삶은 아무런 목표 의식이 없는 삶과는 전혀 다르다는 것을 알고 있기에, 새해의 업무 목표를 발표하는 전 직원들의 미래가 어떻게 전개될지 몹시 궁금하다는 생각이 들었다.

드디어 나의 차례가 돌아왔다. 나는 총 8가지의 목표를 세웠다. 개인 목표 3가지와 업무와 관련된 목표가 5가지였다. 그중에 토지 관련 일을 하면서 1년간 1억 5,000만 원의 수입을 얻겠다고 목표를 잡았다. 그렇게 목표를 세운 이유는 일반 직장 생활로 버는 것보다는 조금 더 많은 수입을 올리고 싶은 마음이었다. 그 정도의 액수라면 좋겠다는 생각을 반영한 것이다. 그리고 아직 토지 관련 일에서는 입문자이자 신입사원에 불과한 나에게 그 정도의 수입이라면 납득이 가는 수준이라고 판단했던 것이다. 대표님과 직원 모두가 이제 토지의 세계로 첫발을 디딘 나를 응원하고 격려해주었다.

대표님은 별도로 나를 불러서 급여와 관련된 질문을 하셨다.

"권 부장, 앞으로의 급여 말인데…, 월급을 받기를 원하면 월급을 주겠고, 그게 아니라 자신이 일한 만큼 받고 싶으면 그만큼 가져갈 수 있게 해줄게. 어떻게 하면 좋겠어?"

"대표님, 저는 일하는 만큼 가져가도록 하겠습니다. 월급은 안 주셔도 괜찮습니다!"

"자유롭게… 권 부장이 원하는 대로 해줄게. 편한 대로 선택해도 좋아."

"열심히 해서 제가 한 만큼 벌고 싶습니다!"

"좋아! 그럼 한번 열심히 해봐."

안정적인 월급을 받을 것인지, 아니면 도전을 선택할 것인지에 대한 질문으로 느껴졌다. 나는 과감히 도전을 선택했다. 그것은 나 자신을 벼랑 끝으로 몰아세운 것이고, 살기 위해서는 이겨낼 수밖에 없는 것이다. 나는 그렇게 하기로 결정했다. 이 생각은 결국 무엇이든 결과로 만들어낼 것이라는 각오와 같았다. 나는 그렇게 스스로 험난한 길을 가기로 결심했다.

도전에는 또 다른 즐거움이 따른다. 나 자신을 시험하면서 성장할 수 있는 계기가 된다. 이런 진취적인 생각으로 출근 첫날을 보내게 되었고, 저녁에 집으로 돌아오는 길에는 앞으로의 내 미래가 궁금해졌다. 과연 나의 앞날에는 어떠한 일들이 펼쳐질까.

송산그린시티 인근 택지 분양 이야기

2023년 1월 3일, 출근하기 시작한 지 이틀째 되는 날 대표님은 화성의 송산그린시티 주변 도시지역에서 진행될 택지 분양 건에 대해 미리 검토한 내용들을 알려주셨다.

"184만 평에 달하는 화성 송산그린시티 남측지구 산업단지 인근에 입지가 굉장히 좋고, 향후 다가구 주택을 짓기에 안성맞춤인 택지가 나왔어."

"송산그린시티 주변은 한동안 토지 가격이 많이 오른 지역인데, 이 택지가 경쟁력이 있을까요?"

"남측지구가 분양되어 공사에 들어간다면 많은 건설 인력들이 유입될 것이고, 그때는 이 주변에서 다가구주택 수요가 많이 늘어날 거야. 그렇기 때문에 입지가 좋고, 도로 확장 및 주거지로의 용도 상향이 될 가능성도 높은 이런 곳은 미리 선점해둬야 하는 거야."

이런 택지 분양 건은 나에게는 아직 낯선 이야기였고, 주변에서도 들어본 적이 없었다. 과연 이런 택지 분양 업무를 내가 잘 수행할 수 있을까 하는 생각이 불현듯 스쳐 지나갔다. 2023년 1월의 부동산 경기는 얼어붙어 있었고, 나라의 경기 또한 최악으로 치닫고 있던 상황이었다. 이런 시점에서 토지 투자를 적극적으로 진행할 분들이 과연 얼마나 될지도 의문이었다. 그렇지만 투자 고수들은 경기가 가장 어려울 때 움직인다고 한다. 이런 생각들을 되새겨 보면, 남들과 역발상으로 접근해야 수익 또한 크게 날 수밖에 없는 것 같다. 남들이 어렵다고 할 때 누구보다 더 적극적으로 움직이다 보면 숨은 보석들을 찾아내기가 쉽고, 평소에는 매수하기 힘든 물건들도 저렴하게 잡을 수 있다.

화성 송산그린시티는 토지 투자 세계에서는 아주 유명한 곳이고, 항상 주목받는 지역이다. 대표님은 내게 현장에 가보라고 하셨고, 전무님과 팀장님도 함께 동행하게 되었다. 현장까지는 평택-시흥 고속도로를 이용해서 가는 게 가장 빠른 길이었다. 분양 대상 택지는 송산마도IC에서 약 5분 거리에 위치해 있었다. 현장에 도착했을 때 들었던 첫 느낌은 '와! 입지가 너무 좋은데!'였다.

"팀장님, 여기 입지가 정말 좋네요. 송산그린시티 남측지구 공사가 시작되면 공사 인력들이 유입되어 자연스럽게 다가구주택이 많이 필요하니까…, 수요는 걱정 없겠는데요."

"맞아요, 184만 평의 남측지구 산업단지가 만들어지면 충분한 수요가 생길 거예요."

분양 대상 택지 앞쪽에서 한창 토목공사가 진행되고 있는 상황을 유심히 살펴보았고, 주변 입지나 향후 도심으로의 확장 여부에 대해서도 예측해보았다. 이 택지는 송산그린시티 남측지구 산업단지와 직선거리로 1km밖에 안 되는 아주 가까운 위치에 있었다. 그리고 주거지 경계에 있는 토지로 초등학교, 중학교가 200m 이내에 근접해 있었다. 또한 도로에 딱 붙어 있는 입지였고, 향후 주변에 2차선으로의 도로 확장 계획 또한 예정되어 있었기 때문에 미래 가치가 상당히 높다고 생각되었다. 향후 주거지역으로 용도 상향까지 예상해볼 만한 위치의 토지였다. 현장에서 직접 확인하고 나자 더욱더 확신을 가질 수 있었다. 이런 좋은 입지의 토지를 만난다는 것은 무척 행복한 일이라고 생각했다. 이 토지를 누가 가져가게 될지는 모르겠지만, 그분은 참 든든하겠다고 생각했다. 개발지 주변에 있는 좋은 입지의 토지라면, 투자 가치는 충분했다.

마도면 일대는 남측지구 산업단지의 최대 수혜 지역이다. 앞으로 각종 인프라 및 주거의 수요가 증가할 것이라고 자연스럽게 예상되었다. 많은 호재가 있지만, 역시 남측지구 산업단지 분양과 공사 상황이 토지 가격에 영향을 끼친다. 그렇기에 모든 것은 시간 문제일 뿐, 좋은 토지라는 것은 틀림이 없었다. 팀장님께서는 준비해온 드론을 띄워서 주변 상황과 현장의 상황들을 세밀하게 촬영하기 시작했다. 하늘에서 바라보니 입지가 확연하면서도 더 명확하게 시야에 들어왔고, 한눈에 주변 상황까지 볼 수 있었다. 보면 볼수록 미래가 궁금해지는 토지였다. 이때 나는 이렇게 좋은 입지의 토지라면 당연히 분양이 모두 가능할 것이라고 생각했다. 이런 토지를 좋은 분과 만나게 해드려야겠다고 생각했다. 현장에서 바로 대표님께 연락드렸다.

"대표님, 이 토지의 입지가 정말 끝내주는데요."

"권 부장, 그게 보여?"

"네, 제 눈에도 아주 잘 보입니다."

"오, 그래? 그럼 다행이네."

이렇게 확신을 가질 만한 토지를 현장에서 보고, 사무실로 복귀했다. 대표님께 토지를 확인하고 온 느낌과 주변 상황들에 대해 보고하며 이야기를 나누었다. 대표님은 이미 그 토지의 가치에 대해서 모두 알고 계셨다. 그래서 과연 내가 그 토지의 가치를 얼마나 알아볼 수 있을지 궁금하셨던 것 같다. 그렇지만 내가 너무 확신에 찬 느낌으로 의견을 이야기하니 "벌써 그걸 느끼기에는 빠른데…"라고 하면서도 흐뭇해하셨다.

대표님은 직원들에게 그 택지의 장점과 미래 가치에 대해서 설명하셨다. 역시 대표님은 남들이 접근하지 못하는 시각으로 그 토지의 가치를 파악하고, 확신을 가지고 계셨다. 그리고 각 필지마다 고유한 입지의 특성과 고객들에게 설명하는 방법도 아낌없이 상세하게 알려주셨다. 현장에서 살면서 보고, 듣고, 느낀 수많은 경험으로부터 나오는 통찰력은 그 누구도 범접할 수 없는 것이었다. 분양 필지는 총 10개였고, 전체 분양가는 약 60억 원 정도였다.

그 토지를 누가 가장 먼저 분양할지에 대해서도 모두 큰 관심을 갖고 있었다. 나는 이제 갓 입사한 상황이었고, 토지에 대한 지식을 쌓아가고 있는 중이었다. 그래서 나에 대한 기대는 그리 크지 않을 것이라고 생각했다. 나는 내가 할 수 있는 것에 집중하기 시작했다. 그것은 그 토지에 대한 입지 분석과 주변 상황 및 미래 가치에 대해 집중적으로 분석하는 것이었다. 나 스스로가 그 택지에 대해 좀 더 확신을 갖고 싶었던 것이다. 내가 아는 만큼 자신감으로 나타날 것이라고 판단했다. 그래서 그 택지에 대해서 공부하기 시작했고, 공부한 내용을 PPT 설명 자료로 깔끔하게 정리했다.

이때 나는 속으로 '전체 물량 중 70%는 내가 한번 분양해보자. 갓 입사한 사람이 사고 한번 쳐보자!'라고 큰 목표를 세웠다. 한편으로는 처음 분양 업무를 해보는 사람에게는 터무니없는 목표인가 싶은 마음도 들었지만, 어차피 나한테 거는 기대감은 그렇게 크지 않을 테니 그냥 한번 해보자는 알 수 없는 자신감이 생겼다. 처음이라서 그런 건지, 이상할 만큼 부담감이 별로 없었다.

2023년 1월 5일, 출근을 시작한 지 3일 만에 화성 토지에 관심이 많은 분을 만나게 되었다. 멀리 경남에서 오신 그분은 대기업에서 근무하시다가 최근에 회사를 그만둔 상태였다. 경상도 분이라 내게는 말투가 익숙했고, 음성에서도 정감을 느끼게 하는 분이었다. 그분은 다른 분들과 함께 화성 토지를 매수한 경험을 가지고 계셨다. 그 땅에 창고를 지어서 매도할 계획을 갖고 있었다. 토지 투자에 대한 기본 지식들을 충분히 갖추고 계신 상태라서 대화를 수월하게 할 수 있었다. 분양 중인 화성 택지에 대해서 자세히 알고 싶어 하시기에 지도를 펼쳐 보이며 상세히 설명해드렸다. 직접 현장으로 모시고 갈 때는 회사 생활을 하면서 힘들었던 이야기 등 자신의 개인적인 경험담을 편안하게 이야기해주셨기 때문에 거리감을 더욱 좁힐 수 있었다. 그래서 현장에 도착할 즈음에는 서로 친밀함을 느낄 정도로 많이 가까워졌다.

"저는 회사에서 뜻하지 않은 일로 갑자기 퇴사하게 되었습니다."

"무척 힘드셨겠네요?"

"네, 괴로워서 한동안은 술로 나날을 보냈지요."

"당시에는 누구보다도 힘드셨겠지만, 오히려 그것을 더 좋은 기회로 만들어보세요."

"권 부장님, 초면에 별 이야기를 다하게 되었네요."

"아닙니다. 누구에게나 힘든 상황들이 있겠지만, 그것을 지혜롭게 잘 이겨내는 것이 중요하죠."

나는 힘든 상황들을 대부분 공감할 수 있었다. 그래서 그분에게도 진심으로 힘드셨겠다는 위로의 말씀을 드릴 수 있었다. 그 말에 잠시나마 위안이 되었는지, 그분은 눈물을 글썽이기까지 하셨다. 그 순간 깜짝 놀란 나는 어떻게 하면 좋을지 고심하면서 조심스럽게 다음 대화를 이어갔다.

분양 대상 토지에 도착해서 주변 상황과 입지의 장점 등을 아주 자세하게 말씀드리고, 휴대폰으로 지도를 보며 주변에서 발생할 호재 및 거리에 대해서 한 번 더 설명했다. 그분은 송산그린시티 개발 호재에 대해 내가 설명하는 내용을 빠짐없이 숙지하려고 하셨고, 오래전부터 관심을 갖고 있던 지역이라는 말씀도 하셨다. 내가 해드린 설명과 직접 토지를 둘러보고 갖게 된 느낌을 바탕으로 투자에 대한 확신을 가지셨다.

사무실로 돌아와서 그분과 최종 미팅을 진행했다. 그분은 여러 필지 중 도로에 접해 있는 것과 학교에서 가장 가까운 위치에 있는 필지를 선택하셨다. 그렇게 기분 좋은 미팅을 하고 귀가하셔서 자금 상황을 최종적으로 체크한 후에 연락을 주시겠다며 돌아가셨다. 중간에도 한두 차례 연락을 주고받으며 그분이 투자 결정을 하실 수 있도록 최선을 다해서 궁금한 사항들에 대해서 설명해드렸다. 마침내 그분은 회사에 방문하신 지 1주일 뒤에 해당 토지를 최종 매수하기로 결정했다고 연락을 주셨다.

이렇게 해서 갓 입사한 직원이 입사 단 10일 만에 계약을 성사하게 된 것이다. 더욱이 직원 중에서는 첫 번째로 계약을 진행하면서 대표님도 놀라셨다. 내가 이렇게 빨리 계약을 성사한 것에 대해 축하의 말과 놀랍다는 반응을 감추지 않으셨다. 직원들도 모두 하나같이 기쁜 마음으로 나를 축하해주었다. 나 또한 그렇게 빨리 계약을 성사할 줄 예상하지 못했기에 기쁨이 배로 느껴졌다. 그 일로 토지 분야의 경력 사항에 비로소 한 줄의 내용을 적어 넣은 기분이었다.

일반 토지도 거래시키기가 힘들다고 하는데, 분양 토지 물건을 거래시키기란 체감적으로 훨씬 더 힘들다고 한다. 나는 첫 번째 거래를 성사한 후, 많은 칭찬과 기대 속에서 추가 계약을 위해 더 집중하기 시작했다. 그 사이에 화성 토지에 꾸준한 관심을 갖고 계시던 분과 다시 연락이 되어 분양 토지 두 번째 거래를 성사시켰다. 그 매수 계약자분은 계약 과정에서 상당히 신중하셨던 분이다. 등기부등본상의 특이점과 당해 토지에서 건축 행위를 할 때 발생할 수 있는 여러 상황에 대해 꼼꼼히 체크하셨다. 나는 그런 부분을 포함해서 그분이 궁금하게 여기는 부분을 모두 해소해드렸다. 이렇게 두 번째 계약까지 성사시켰다. 토지 분양 계약 전체를 놓고 보더라도 가장 어려운 계약이었다. 하지만 그만큼 뿌듯함도 컸다.

그 사이에 분양 토지와 관련된 대표님의 유튜브 영상이 모두 제작되어서, 이제 전국에 계신 분들에게 동일한 정보를 전달할 준비가 완료되었다. 유튜브 영상이 나가고 난 후, 곧바로 대구에 사시는 사업가로부터 연락이 왔다. 목소리가 정말 편안한 분이었다. 우연히 대표님의 영상을 보게 되었다면서 도로에 붙어 있는 필지의 매수를 원하셨다. 마침 마지막으로 남아 있는 필지를 추천하면서, 해당 필지에 대한 내용을 차근차근 한 가지씩 부드러운 목소리로 설명해드렸다. 모든 게 마음에 든다며 바로 계약금을 송금하셨다. 세 번째 계약은 이렇게 원활하게 진행할 수 있었다.

미팅을 하거나 통화를 할 때에는 온 정성과 힘을 다해 설명했고, 그 순간 상대에게 최선을 다했다. 그 효과는 바로 나타났다. 내 설명을 들은 분들에게서 계약이 쏟아졌다. 한 건, 한 건씩 계약을 성사해나가다 보니, 어느덧 총 10건의 분양 토지 중 8건의 토지 계약을 내가 진행하게 되었다. 누가 생각하더라도 말이 안 되는 이야기였다. 이제 갓 입사한 내가 어떻게 분양 물량 80%의 계약을 성사시킬 수 있단 말인가! 하지만 그건 온전히 나의 실력 때문이 아니라, 대표님과 동료 직원들의 많은 도움에서 나온 결과라고 생각한다. 특히 대표님은 매일같이 직원들에게 자신이 습득해온 지식과 경험치를 나눠주시고, 일깨워주셨다. 이런 스승의 가르침은 직원들을 성장하게 만든다.

처음 시작할 때만 해도 '과연 내가 이 일을 잘해낼 수 있을까?' 하는 생각도 들었지만, 간절한 마음에 열정과 의지를 더하니 안 될 건 없었다. 토지 투자 관련 업무에 입문하면서 체험한 그때의 경험은 여러 가지 중요한 것들을 배우는 계기가 되었다.

아파트 분양 이야기

"권 부장, 이 아파트 어떻게 생각해?"

"와, 입지는 두말할 것도 없이 정말 좋은데요."

"그렇지? 우리가 이 아파트 분양을 해보려고 하는데….."

"네? 아파트 분양을 한다고요?"

"그래! 우리는 이제 이걸 한다!"

2023년 3월이었다. 대표님이 아파트 분양에 관한 자료를 가지고 오셔서, 그 아파트에 대한 내 생각을 물으셨다. 분양 자료를 보면서 가장 먼저 입지를 보았다. 역 앞에 바로 딱 붙어 있는 입지가 매우 마음에 들었다. 나 또한 역세권에서 거주하고 있고, 이러한 아파트들은 대부분 분양 시장에서 불패하는 것을 알기에 긍정적인 반응을 보였다. 그때까지는 그 아파트와 관련해서 우리가 무엇을 하게 될지 모르는 상태에서 단순히 자료만 보고 보인 가벼운 반응 정도 수준이었다. 그러자 대표님은 그 아파트 분양 업무를 맡아서 해보려고 생각 중이라고 말씀하셨다. 깜짝 놀랄 만한 이야기였다. 토지를 전문적으로 취급하시던 분이 왜 갑자기 아파트를 분양하시겠다고 하는지 궁금했다. 자세히 살펴보니 '민간 임대 아파트'라는 타이틀이 적혀 있었기에 더욱 낯설게 느껴졌고, 부동산 경기 역시 꽁꽁 얼어붙어 있는 시기라서 다소 걱정이 되기는 했다.

예전에 평택 고덕국제신도시의 중심상업지구 바로 앞에 위치한 LH 공공임대 분양 아파트가 200세대 이상 미분양이 된 적이 있었다. 대표님이 직접 계약을 하고, 주변의 친인척·지인·교우들 여러 명이 대표님의 권유에 따라 계약을 했다. 대표님은 200세대의 미분양 아파트에 대한 정보를 유튜브로 전국의 시청자들에게 상세하게 알렸다. 그러자 영상이 나간 지 단하루 만에 미분양되었던 200세대가 모두 완판되는 믿을 수 없는 일이 벌어졌다. 그때의 경험을 갖고 계신 대표님은 역 바로 앞에 자리 잡을 아파트라면 충분히 경쟁력이 있다고 판단하셨다. 당시는 건설사의 PF대출이 일제히 중단됨으로써, 가뜩이나 좋지 않던 건설 경기가 더욱 얼어붙은 상황이었다. 이런 상황임에도 대표님은 그 아파트의 숨은 가치를 높게 평가해서 분양 업무를 맡아 진행하기로 결단을 내리신 것이다.

전 직원들이 모여 진행한 아이디어 회의를 통해 유튜브 영상 제작과 분양에 필요한 것들을 준비하기 시작했다. 그런데 직원들의 표정을 보니 분위기가 별로 좋지 않았다. 일부 직원들은 민간 임대 아파트 분양에는 불안한 부분이 많고 잘못될 경우도 있는데, 꼭 하실 필요가 있느냐는 반응을 보였다. 회의 분위기가 갑자기 무거워지면서 대표님의 표정도 다소 어두워졌다. 당시 전문적인 분양 대행사들도 이렇다 할 실적을 올리지 못하고 있는 상황이라 자칫 잘못하면 지금껏 쌓아온 오픈마인드라는 브랜드의 신뢰에도 금이 갈 수도 있는 상황이었다. 하지만 대표님은 그 아파트에 대해 누구보다 더 철저하게 입지 및 미래 가치에 대해 분석했고, 그 분석 결과를 확신하고 있었기에 물러서지 않으셨다. 대표님이 필요로 하는 것은 자신의 판단을 지지해줄 또 다른 용기 있는 동료였고, 그 파트너로서 나를 염두에 두시는 것 같았다.

그 아파트의 입지가 좋다는 것은 확실한 사실이었다. 그리고 1군 브랜드에 대단지라는 규모까지 갖추고 있고, 삼성반도체 화성 사업장과의 거리도 6분 정도에 불과하기에 충분한 경쟁력이 있었다. 향후 동탄인덕원선과 트램이 개통될 예정이므로 교통 상황 또한 좋아질 것이 이미 정해져 있었다. 다만 코로나19 대유행 이후 침체 및 하락기를 겪고 있는 아파트 시장의 끝이 어디일지 도무지 가늠할 수 없었기에, 그 부분이 불안 요소로 생각되어 망설여지기도 했다. 그렇지만 대표님의 생각과 의견을 들을수록 지금의 모습보다는 미래의 가치를 높게 평가하게 되었고, 나도 대표님의 결정에 함께하기로 마음먹었다. 대표님이 물으셨다.

"권 부장, 내 판단이 잘못된 건가? 이번 아파트 분양에 대해서 어떻게 생각해?"

"저는 대표님이 하라고 하면 하고, 하지 말라고 하면 하지 않겠습니다. 오직 대표님의 뜻에 따르겠습니다."

그런 대화를 나누면서 나는 단단히 마음먹었다. '반드시 이 일을 성공시켜 보자'라는 마음이었다. 해보기로 마음먹는 순간부터는 그 일에 대한 불안감보다는 성공한 나의 모습만을 생각하기 시작했다. 어떤 일이나 목표든 내가 멋지게 해보겠다고 생각하는 순간 그냥 하면 된다. 나는 열정과 의지를 갖고 무조건 해보기로 결심한 것이다.

지금 생각해보면, 성공적으로 분양을 완료하기 위해서 정말 미친 듯이 몰두했던 것 같다. 가족들과 캠핑을 가서도 오로지 아파트 분양만을 생각하고 일했다. 가족들에게는 미리 양해를 구했다. 지금은 내게 너무 중요한 시기이니 이해해달라고 말이다. 고맙게도 가족들이 나를 이해해주었기에, 캠핑 장소에서도 평소에 아파트 투자에 관심을 갖고 있는 분들에게 분양 소식을 알리면서 그에 대한 궁금증을 해소해드렸다. 그렇게 해서 가족들과 캠핑장에 가서도 여러 건의 분양 계약을 이루었다. 그 당시에 있었던 에피소드 한 가지가 생각난다. 캠핑장에 있는데 대표님으로부터 연락이 왔다.

"임○○ 대표님으로부터 아파트 분양 계약금이 들어왔는데, 그거 권 부장이 계약한 거야?"

"네, 맞습니다. 제가 임○○ 대표님께 잘 설명했고, 계약까지 이끌어냈습니다."

"와, 권 부장 정말 최고다! 내가 인정한다! 그렇지 않아도 내가 연락하려고 했는데…, 캠핑 가 있는 사이에도 계약을 이끌어내다니!"

"네, 대표님. 하지만 지금 캠핑이 중요한 게 아니잖아요!"

나는 회사에서 무슨 일이 있었는지 앞뒤 상황을 모르는 채, 대표님으로부터 칭찬을 들었고, 나중에야 그게 무슨 상황이었는지 알게 되었다. 당시에 대표님이 연락도 하지 않은 임 대표님으로부터 계약금이 들어와서, 다른 누군가가 알려주었나 생각하셨다고 한다. 그런데 "권 부장님이 하신 것 아닐까요?"라고 말하는 직원이 있었다는 것이다. 대표님께서는 그 말에 "권 부장은 지금 캠핑 가서 가족들과 즐겁게 놀고 있을 거야"라고 말씀하셨다고 한다. 그런데 혹시나 해서 나에게 전화를 하기 전에 직원들에게 "정말 권 부장이 한 일이라면, 나를 뛰어넘는 거야!"라고 말씀하셨다고 한다. 그 당시 나의 열정 앞에서는 그 어떤 것도 장애물이 될 수 없었다. 회사에 출근해서도, 퇴근 후에 귀가해서도 아파트 분양 기간에는 오로지 분양 목표만을 생각하면서, 고객 한 분 한 분을 상대로 상담에 임했다.

그 결과는 어땠을까? 애초 1차 목표는 30세대를 분양하는 것이었다. 그런데 분양을 시작하면서 희미하게나마 가졌던 걱정은 어이가 없을 정도였다. 1차 목표는 1개월 만에 달성했고, 2차 목표인 40세대도 모조리 돌파해버렸다. 3차 목표인 50세대에서 2세대가 모자란 48세대로 최종 분양을 마무리했다. 그 결과 나는 3개월 만에 분양 대행사로부터 일반 직장인의 연봉과 비교해 두 배 이상 수준의 분양 수수료를 받았다. 분양하는 과정에서 내 머릿속에는 안 된다는 생각이 차지할 공간이 단 1%도 없었다. 반드시 해내고야 말겠다는 생각으로 머릿속을 온통 채웠다.

대표님도 직원에게 질 수 없다면서 선의의 경쟁을 하겠다고 선포하셨다. 모든 직원들이 분양 업무를 시작하고 꽤 시간이 흐른 다음부터 대표님도 본격적으로 분양 업무에 뛰어드셨다. 그 이유는 직원들에게 먼저 계약의 기회를 주기 위해서였다. 직원들이 계약하는 데 어려움이 없도록 적극적으로 지원해주는 것이 자신의 역할이라고 생각하신 것이다. 그렇게 뒤늦게 분양 업무를 진행한 대표님은 최종적으로 130건의 계약을 이끌어내셨다. 나는 믿을 수 없는 그 수치에 감탄했고, 존경심을 표할 수밖에 없었다. 이렇게 모두가 우려하는 가운데서도 오직 할 수 있다는 신념과 해내고 말겠다는 의지가 얼어붙은 아파트 분양 시장에서 기적 같은 결과를 만들어냈다. 그때의 분양 실적은 아파트 분양 시장에 '오픈마인드'라는 브랜드를 확실히 각인시켜준 계기가 되었다.

하루 만에
2필지 1,000평을

"권 부장, 소 이사! 안성의 4차선 도로변에 붙은 토지 2,000평이 매물로 나왔어!"

"그럼 입지 조건 하나는 정말 좋겠네요."

"가격도 무척 저렴해. 지금 사람들이 그 땅의 가치를 몰라서 그렇지!"

"평당 가격이 얼마인데요?"

"평당 240만 원! 주변 시세는 이미 400만 원 수준이야!"

"대박이네요. 그 가격이면 당장이라도 매도가 가능하겠는 걸요!"

2023년 6월의 어느 날, 대표님께서 안성의 4차선 대로변에 딱 붙어 있는, 입지 조건이 정말 좋은 토지가 나왔다고 말씀하셨다. 그렇게 좋은 땅이 가격까지 엄청 착하다며 흥분한 목소리셨다. '얼마나 좋은 토지이기에 저렇게 좋아하실까?' 하는 생각으로 가도면을 보는 순간, 나도 모르게 "와!" 하고 탄성을 질렀다.

최근 안성의 토지 시장에서 뜨겁게 달아오른 계동 라인으로부터 불과 500m 정도밖에 떨어지지 않은 곳이었다. 주변에는 안성 제2산업단지와 제3산업단지가 위치해 있었고, 1,500세대의 아파트가 그 토지 맞은편에 자리 잡고 있었다. 소위 주거와 산업단지 인근의 토지는 근생(근린생활시설)을 건축하기에 적합한 토지라고 볼 수 있다. 이런 위치에 입지한 땅이 그렇게 낮은 가격의 매물로 나왔다는 것은, 매수자 입장에서는 단 1초도 망설이다간 다른 사람에게 빼앗기기 쉬운 토지다. 도시지역 내 자연녹지고, 지목은 전이다. 이미 토목공사까지 진행된 토지 가격이 평당 240만 원이라면 시세에 비해 반값 수준밖에 되지 않는다고 봐도 무방했다.

본래 이 토지는 4차선 도로와 붙어 있기는 했지만, 도로와의 단차가 심해서 성토 작업과 보강토 옹벽 공사를 진행해야 했다. 그리고 도로에서 진입하기 위해서는 가감차선이 필요한데, 현재 개발을 진행하는 곳에서 그에 수반되는 허가와 공사를 진행해주는 조건으로 팔겠다는 것이었다. 토목과 건축허가, 가감차선 공사까지 완벽하게 진행된 상태의 토지라면, 향후 근생을 하실 분들에게 매도하기가 수월한 토지였다.

해당 토지 앞 도로의 통행량은 앞으로 상당히 증가할 수밖에 없었다. 그 이유는 서울-세종 간 고속도로의 서운입장IC가 건설되고 있고, 개통은 2년 이내에 이루어질 예정이었다. 서운입장IC가 개통된다면, 안성 제2산업단지와 제3산업단지 방향으로 가는 차량의 소통량이 증가할 것은 불을 보듯 뻔했다. 그렇기에 이렇게 입지가 뛰어난 토지들의 가격은 자연스럽게 상승할 수밖에 없다. 그런 경험을 수도 없이 하셨던 대표님은 이미 그 땅이 신속하게 매도될 것이라고 판단하고 계셨다. 대표님은 귀를 쫑긋하며 듣고 있던 우리에게 한마디 더 하셨다.

"이 땅, 정말 좋은 물건이니까 한번 매수자를 붙여봐."

"제가 보기에도 이런 땅은 금방 매도될 것 같은데요…."

"그렇지! 투자자라면 모두 이런 땅을 못 사서 안달이지. 2필지 1,000평 정도를 매도해봐!"

입지가 정말 좋은 토지라서 토지 투자를 희망하는 분이라면 누구에게나 적극적으로 권해 드리고 싶었다. 그 순간 나는 '딱 1,000평만 매도해 보자!'라고 생각했다. 나는 이미 그 땅을 팔 수 있다는 확신을 가지고 이 좋은 땅을 누구한테 드리면 좋을까 하는 생각뿐이었다. 사실 그런 조건의 땅은 누구나 원하는 물건이기에 가장 빠르게 판단하는 분에게 돌아갈 수밖에 없다.

토지에 대한 입지 분석과 더불어 상세한 주변 호재를 먼저 파악할 필요가 있었다. 토지 주변을 살펴보면, 평택-제천간 고속도로의 남안성IC는 1.9km밖에 떨어져 있지 않았다. 배후에 안성 제2·제3산업단지가 자리 잡고 있었으며, 바로 맞은편에는 1,500세대의 아파트 단지, 약 5km 거리에는 18홀 규모의 골프장이 위치해 있었다.

향후 식당이나 각종 근생 시설들이 들어서기에 최적의 장소로 판단되었다. 분석이 끝나고 본격적으로 그 토지를 권해드릴 분들에게 연락을 취했다. 오래전부터 "좋은 토지가 매물로 나오면 반드시 투자할 테니, 연락해 달라"고 하셨던 용인의 이 사장님께 연락을 드렸다. 현재 사업을 하고 계신 이 사장님께서는 사업 외에도 토지 투자를 통해 수익을 보기를 간절히 바라고 계셨다. 그런 마음을 알고 있었기에, 자금 여력이 있는 그분께 가장 먼저 연락을 드린 것이다.

"이 사장님, 안성의 4차선 도로변에 딱 붙은 토지가 매물로 나왔습니다."

"권 부장님이 보시기에 투자 가치가 높은 땅인가요?"

"네, 그럼요! 이 토지는 최근에 나온 토지 중 입지 조건이 가장 좋은 데다 가격까지 아주 싸게 나왔습니다. 평당 240만 원입니다. 주변에서는 벌써 평당 400만 원 수준으로 거래가 되었습니다."

"그렇다면 가격 면에서부터 매력이 있군요. 권 부장님의 이야기를 들어보니, 입지도 상당히 좋은 듯하고요."

"이 사장님, 저를 믿고 이 토지에 한번 투자해보실 것을 권합니다. 짧은 기간을 보고 투자하셔도 수익을 보시기에 충분합니다."

이 사장님은 현장에도 가보지 않은 상태에서, 바로 그 토지의 매매계약을 체결하기로 결정하셨다. 총 4개의 필지 중 가장 적당한 평수인 400평짜리를 선택하셨다. 평소에 여러 번 우리 회사로 오셔서 대화도 많이 나누고, 함께 식사도 하면서 신뢰를 쌓은 덕분에 저의 설명을 듣고 바로 계약하셨다. 그 믿음에 감사한 마음뿐이고, 보답을 해드리고 싶은 마음이었다. 이렇게 오전에 1건의 계약을 성사하게 되었다. 생각보다 너무 빨리 이루어진 계약이었다. '역시 좋은 토지는 준비된 자가 가져갈 수밖에 없구나!' 하는 생각이 들었다.

전날에 미리 약속을 잡아놓은 안양의 김 사장님께서 오후에 농장으로 오셨다. 김 사장님도 토지 투자를 하기 위해 자금을 미리 준비해놓고 좋은 매물이 나오기만을 기다리고 계시던 분이었다. 차로 현장에 함께 가서 서운입장IC 건설 사업의 진행 상황과 앞으로 생길 파급효과에 대해 설명했다. 그리고 주변에 이미 조성되었거나 조성되고 있는 산업단지의 공사 현장 바로 앞까지 가서 또 자세히 설명했다. 왜 이런 토지가 경쟁력을 갖는지에 대해서도 논리정연하게 말씀드렸다. 김 사장님은 설명을 듣고, 직접 현장에서 토지를 보니 마음에 들어하시는 것 같았다. 그렇지만 최종 결정을 내리지 못하고 계셨다. 김 사장님이 선택할 수 있는 토지는 600평짜리 필지였다. 600평에 평당가 240만 원이면 14억 원이 넘는 금액이기에 다소 버겁다고 생각하시는 것 같았다. 하지만 이런 토지는 누구나 탐을 낼 만한 것이기에, 놓치기에는 정말 아깝다고 여기시는 것은 확실했다. 현장에서 사무실로 돌아오는 길에 많은 이야기를 더 나누었음에도, 좀처럼 매수 결정을 내리기 어려워하시는 것이 느껴졌다.

"김 사장님, 이런 입지의 땅을 이 정도 가격으로 살 수 있다면, 솔직히 말씀드려서…, 무조건 잡고 보셔야 합니다."

"그런가요? 권 부장님, 나는 400평짜리를 했으면 부담도 없고, 좋을 것 같은데…. 600평은 평수가 조금 큰 것 같네요."

"400평짜리는 이미 다른 분이 계약하시기로 결정된 상태라서, 그건 이미 김 사장님께서 잡을 수 없게 된 상황입니다."

"그렇다면 조금 더 고민해보겠습니다."

사무실로 돌아와서 최종 미팅을 했다. 김 사장님도 오늘 보고 온 토지의 투자 가치가 매우 크다는 것은 충분히 인지하고 계셨다. 하지만 좀처럼 결정을 내리기 힘들어하셨다. 김 사장님은 토지에 대해 잘 알고 있는 친구에게 자문을 받기 위해 통화를 하셨다. 친구분도 해당 토지가 지닌 여러 조건을 고려하면 꽤 괜찮은 투자가 될 것이라고 말씀하셨다고 했다. 그런데도 최종 결정을 못 내리고 망설이셨다. 자신이 생각했던 것보다 평수가 크다는 것이 가장 큰 장애 요인인 것으로 보였다.

"김 사장님, 이런 땅은 600평이라도 매도하기 힘든 땅이 아니에요."

"글쎄요…. 그저 400평 정도라면 크게 고민을 안 할 것 같은데, 600평은 아무래도 부담스러워서…."

"조금 전에도 말씀드렸지만, 도심에서 조금 떨어진 이런 위치는 근생을 하기에 최적인 위치죠! 그리고 큰 욕심을 안 내신다면, 이 정도의 토지라면 짧은 기간에 매도도 가능합니다."

결국 김 사장님은 고심 끝에 그 토지를 매수하기로 결정하셨다. 저녁 늦은 시각까지 상담을 이어간 끝에 이끌어낸 계약이었다. 하루 만에 400평과 600평짜리 2개의 필지, 합치면 총 1,000평을 매도한 순간이었다. 혼신의 힘을 다해 설명하고, 매수자의 고민 또한 열심히 들어드린 결과였다. '이런 일이 가능하다니…!' 스스로 생각하기에도 참 놀라웠다. 사무실에 계셨던 대표님도 매우 놀라며 기뻐하는 표정을 지으셨다.

"권 부장이 또 한 번 사람을 놀라게 만드는구먼!"

이렇게 해서 나는 하루 만에 1,000평의 토지를 매도할 수 있었고, 그

대가로 보통의 직장인이라면 상상할 수 없는 금액을 받을 수 있었다. 단 하루 만에 기적을 맛본 것이다. 그리고 이처럼 기적과도 같은 일이 오픈 마인드에서는 흔히 일어나는 일상적인 일이 되어가고 있다. 항상 감사하는 마음을 잊지 않고 살아가야 한다는 생각이 점점 커져만 간다. 나는 오늘도 나를 둘러싼 모든 것이 감사할 뿐이다.

화성 택지
분양 이야기

2023년 8월에 또 하나의 택지 분양 프로젝트가 진행되었다. 그건 바로 화성에 위치한 신도시 경계선에 접해 있는 택지 분양 건이었다. 대표님께서는 전 직원들이 참석한 가운데 택지 분양에 대한 아이디어 회의를 가질 예정이니 그에 대한 각자의 생각을 정리해 오라고 공지하셨다. 나는 나름대로 그 택지의 특징과 입지, 장단점, 예측되는 미래 가치 등 전체적인 분석을 하고 월요일 회의에 참석했다. 대표님의 표정은 아침부터 어딘지 모르게 사뭇 비장했다. 회의에는 그 토지를 직접 개발한 김 사장님도 함께했다. 대표님은 직원들이 모두 보는 앞에서 확신에 찬 목소리로 말씀하셨다.

"김 사장님, 8월 안에 총 15필지 중 13개 필지 이상을 분양하겠습니다. 그렇게 한다는 조건으로 분양 수수료를 조금 더 올려주십시오! 만약 9월까지 말씀드린 대로 하지 못한다면, 그냥 기존 수수료대로 받도록 하겠습니다.”

“네, 알겠습니다.”

옆에 계셨던 김 사장님은 과연 그게 가능할까 하는 의아한 표정의 웃음을 짓고 계셨다. 김 사장님께서는 시원스럽게 수수료를 상향시켜주시겠다고 답변을 주셨다. 하지만 우리 대표님은 승부수를 던지신 것이다. 그 모습은 마치 불가능을 가능으로 만들어 보이겠다는 굳은 의지를 표현한 것으로 보였다.

부동산 경기가 얼어붙은 그 시점의 상황에서 단시일 내에 그렇게 많은 필지를 분양한다는 것은 결코 쉬운 일이 아니었다. 물론 부동산 경기가 좋을 때 그렇게 입지가 좋은 토지를 분양한다고 하면 너도나도 관심을 보이며 매수 수요가 상당히 몰릴 것이다. 하지만 당시에는 경기가 침체해 있고 부동산 시장마저도 좋지 못한 상황이었기에, 투자자들의 심리가 꽁꽁 얼어붙어 있다는 것은 부인할 수 없는 사실이었다.

아이디어 회의를 했고, 이때 대표님의 한마디가 모든 직원들에게 충격을 안겼다. 나도 그 말씀을 듣는 순간 귀를 의심했다.

“한 달 안에 15필지 중 13필지를 분양하지 못하면, 모두 사표를 제출해!”

목표 달성에 실패할 경우 퇴사할 각오를 하라고 할 정도로, 직원들 전체가 죽을 각오로 임하길 바라는 마음에서 하신 말씀이었다. 그만큼 그 프로젝트에 사활을 거시는 게 느껴졌다. 김 사장님께 한 달 안에 주어진 분양 필지들을 모두 팔겠다고 큰소리를 친 상황이니, 이건 배수의 진을 친 것과 다름이 없었다. 대표님은 다시 한번 직원들에게 목숨을 걸고 임해야 한다면서, 만약 약속대로 13필지 이상을 계약하지 못할 경우에는 직원들이 한 필지씩 가져가라는 말씀도 덧붙이셨다. 직원들이 술렁이기 시작했다. 평소 같으면 그런 말씀을 하실 분이 아니기에 그 프로젝트를 완벽히 수행하겠다는 의지가 얼마나 강한지를 충분히 엿볼 수 있었다.

나는 그때 마음속으로 다짐했다. '이번 프로젝트… 반드시 성공시킨다!' 반드시 해내고 말겠다며 끓어오르는 열정과 굳은 의지는 기존에 진행했던 프로젝트 때와 동일했다. 다만 송산그린시티 인근 택지를 분양할 때와 다른 점이 있다면, 이미 택지 분양을 해본 경험이 있기 때문에 한층 더 자신감을 갖고 임할 수 있다는 것이었다.

회사 차원에서는 이렇게 중요한 시기였는데, 나는 이미 2개월 전에 예약해둔 가족들과의 일본 여행을 취소할 수가 없었다. 그래서 대표님과 회사 동료들에게 민폐가 되지 않기 위해서 내가 할 수 있는 것이 무엇일지 잠시 생각에 잠겼다가 나도 모르게 불쑥 대표님을 향해 선포해버렸다.

"대표님, 다음 주로 예정된 일본 여행을 가기 전에 제가 2개 필지는 계약하겠습니다."

"그래? 역시 권 부장이야. 이봐, 모두들 권 부장의 마인드를 배우라고!"

"아닙니다. 이 중요한 시기에 가족들과 여행을 가게 되어… 너무 죄송해서요."

"그런 마인드라면, 여행을 갔다 와서 열심히 해도 괜찮아!"

솔직히 그 선언을 할 때, 계약에 대해서 정해진 것은 아무것도 없었다. 내가 너무 경솔했나라는 생각도 들었고, 한편으로는 말해놓고 약속을 지키면 된다고 생각도 했다. 어쩌면 나는 그 한마디의 약속을 지키기 위해 내가 할 수 있는 최선의 노력을 다할 수밖에 없었는지도 모른다. 사실 그 약속을 반드시 지키고 싶었다. 가장 큰 이유는 우선적으로 대표님께 힘을 실어드리고 싶었기 때문이다.

우선 분양해야 할 토지에 대해 공부하기 시작했다. 내가 아는 만큼 고객에게도 세밀한 정보를 전달할 수 있기 때문에 그 토지에 대해 완벽하게 알 필요가 있었다. 바로 회사 직원들과 함께 현장으로 달려갔다. 현장에 도착해서 대상 토지와 첫 대면을 했을 때, 내 입에서는 나도 모르게 "참 잘생긴 토지네!" 하는 말이 튀어나왔다. 그 토지를 본 첫 느낌이 그랬다. 그 느낌을 강하게 믿고 싶었고, 누가 보더라도 틀림없는 사실이었다. 당시 현장에는 컨테이너 사무실이 설치되어 있었고, 거기에는 우리 회사의 임 이사님이 나가 계셨다. 임 이사님은 우리를 반갑게 맞이하며, 토지의 필지별 특징들을 상세히 설명해주셨다.

"이 토지는 화성에 관심 있는 건축업자라면 모르는 사람이 없을 거야! 건축업자 여럿이 이 토지를 매수하려고 사활을 걸고 덤벼들었을 정도야."

"그렇게 경쟁이 심했다는 건 모두가 이 토지의 가치를 높이 평가했다는 거네요?"

"그렇지! 택지지구 경계에 바로 붙어 있는 이런 토지는 이미 오르기로 정해져 있는 토지거든."

이 토지들을 얻기 위해 벌어졌던, 비하인드 스토리까지 모두 들었다. 토목공사까지 진행하는 데는 많은 수고와 어려움들이 있었다고 한다. 그렇기에 투자 고객들에게 자신감을 가지고 소개할 수 있는, 정말 가치 있는 물건이라고 생각되었다. 우리는 이렇게 현장에서 분양할 토지들을 직접 보고, 주변 상황을 모두 체크한 상태에서 사무실로 복귀했다. 그리고 비봉택지지구에 대한 자료를 모으기 시작했다. 임 이사님으로부터도 관련 자료를 받아서 그 핵심 내용들을 정리했다. 그 토지의 핵심 가치는 몇 가지로 정리할 수 있었다.

첫째, 인근 택지지구 내 주택용지의 가격과 비교할 때 반값에 불과하다. 평당 분양가는 위치에 따라 500~700만 원이다. 공매로 나왔던 택지 내 물건이 평당 1,000만 원에 낙찰되었기 때문에, 그것을 감안한다면 반값만으로도 투자가 가능하다.

둘째, 택지지구 경계에 딱 붙어 있는 토지다. 택지지구 안에 속해 있는 듯한 착각을 일으킬 정도다. 택지 내 인프라를 동일하게 사용할 수 있다.

셋째, 건축 가능한 가구 수가 2배 수준이다. 택지지구 내 단독주택은 5가구, 점포형 주택은 7가구로 건축 가능한 가구 수가 제한되어 있는 반면, 이 토지에서는 13가구까지 건축이 가능하다.

이런 점을 종합적으로 생각해본다면, 오히려 택지지구 내 주택용지보다 비교가 안 될 정도로 메리트가 크다고 판단되었다. 다가구주택의 수익률은 가구 수에 비례하므로, 가구 수가 적은 택지 내 주택용지보다는 택지 경계에 붙어 있는 이런 토지의 가치가 높을 수밖에 없다. 택지지구에서는 한창 아파트 건축공사가 진행 중이고, 그 아파트들이 완공되어 순차적으로 입주하게 될 것이다. 그와 동시에 택지지구 내에 상가와 각종 인프라들이 형성되고, 이후 다가구주택 수요가 점차적으로 늘어난다면, 이런 토지는 건축업자들이 원하는 1순위 토지가 되기 마련이다.

대표님께서는 당해 토지의 내용들을 자세히 분석한 유튜브 영상을 제작했고, 미리 직원들에게 그 내용을 공유해주셨다. 영상은 해당 토지의 가치를 한눈에 알아볼 수 있도록 제작되었다. 대표님은 영상을 제작하기 위해 현장에 직접 가서 왜 그 토지가 경쟁력을 갖는지에 대해서 아주 상세히 설명하셨다. 이제 입지가 좋으면서도 가격은 반값에 지나지 않는 토지를 고객들에게 소개할 준비가 되었다.

이전부터 토지 투자를 희망하셨던 분들에게 최우선으로 연락해 정보를 드리기 시작했다. 투자금을 준비한 상태에서 언제든 마땅한 매물이 나오면 투자하겠다고 귀띔을 주신 용인의 이 사장님께 먼저 연락을 드렸다. 해당 토지의 입지와 가치, 그리고 신도시의 사례에 대해서 상세히 설명드렸다. 사장님은 망설임 없이 흔쾌하게 바로 계약하겠다는 의사를 밝히셨다. 이렇게 1건의 계약을 진행하고, 일산에 계신 배 사장님께도 토지 분양 소식을 전해드렸다. 단숨에 달려오신 배 사장님은 나의 안내로 현장을 방문해서 입지가 가장 좋다고 판단되는 토지를 선택하시고, 아무런 고민 없이 바로 계약금을 입금하셨다. 그렇게 1주일 만에 3번째, 4번째 계약까지 진행하면서 일본 여행을 가기 전에 성사시키겠다고 약속한 2건의 계약을 넘어 총 4건의 계약을 완료했다. 그때의 내가 지녔던 간절함과 열정은 세상의 누구의 것보다 강렬했을 것이다.

편안해진 마음으로 가족들과 2박 3일의 일본 여행을 떠났지만, 여행 중에도 하고자 하는 내 의지는 꺾이지 않았다. 심지어 여행 중에도 2건의 계약을 추가로 진행하면서, 총 6건의 계약을 단 10일도 안 된 상태에서 이루어냈다. 이 모두가 나의 간절함이 만들어낸 결과라고 생각한다.

일본 여행에서 돌아와서도 계약을 늘려나가기 위해 집중했다. 그렇게 결국 총 15개의 필지 중 13개 필지에 대한 계약을 성사시켰다. 이번 분양을 시작하면서 중간 시점에 대표님께서는 직원들 격려 차원에서 계약 실적에 따라 포상을 공약하셨다. 1등은 금 10돈, 2등은 노트북, 3등은 금 5돈, 4등은 현금 100만 원을 지급하겠다는, 의욕을 자극하는 달콤한 포상 계획이었다. 나는 운이 좋게 1등의 영예를 차지했고, 모두의 축하 속에서 대표님으로부터 금 10돈을 받았다. 수상하는 기쁨보다도 대표님이 토지 개발사 사장님과 전 직원들 앞에서 공약하신 말을 지키는 데 한몫했다는 사실이 더 기뻤다. 결국 나의 간절한 바람과 해내고자 하는 의지가 이루어낸 성과였다. 이렇게 우리는 모두 또 한 번의 기적을 만들어냈고, 앞으로도 이런 기적들은 계속될 것이다.

나의 재능을
꽃피우다

일에 임하는 마음가짐

토지 관련 일을 처음 시작하면서, 대표님께 실망시켜드리는 일이 없도록 하겠다는 말을 한 적이 있다. 함께 일할 수 있는 기회를 주신 만큼, 내가 성장하는 모습과 그에 따른 성과들을 보여드리고 싶었다. 비록 토지 관련 일은 처음이지만, 열정과 해내고자 하는 의지가 있었기에 두려울 것은 아무것도 없었다. 그리고 왠지 모르게 이 일을 즐겁게 잘할 수 있겠다는 생각이 들었다. 그래서 조급해하거나, 큰 부담감을 느끼지 않았다. 이전에 회사 생활을 할 때처럼 항상 주어진 일에 최선을 다하고, 이왕이면 잘해보자는 마음가짐이었다. 이것이 내가 처음 일하면서 생각한 것이다. 잘할 수 있다는 자신감을 갖고, 긍정적인 생각으로 업무에 몰입했다. 많은 생각보다는 오히려 '그냥 해보자! 부딪쳐 보자'는 생각이 더 컸다.

일에 대한 사명감

대표님께서는 직원들에게 "우리는 사람을 살리는 일을 하고 있다"라는 말씀을 자주 하신다. 나 또한 토지에 투자하는 분들을 돕는 일은 곧 사람을 살리는 일이라고 생각하며 임했다. 내가 몸담고 있는 회사는 토지 투자를 전문으로 하는 곳이라서, 항상 전국 각지에서 많은 분들이 찾아오신다. 심지어 해외에 계신 분들도 찾아오는 경우가 있다. 그분들의 인생사와 투자 스토리, 자금 사정 등 이야기를 들어보면 참 각양각색이다. 때로는 이번에 계획하고 있는 토지 투자가 자신의 삶에서 유일한 희망이라고 생각하는 분들도 계신다.

모두의 사연은 저마다 다르지만, 한 가지 사실만은 확실히 같다. 그것은 바로 가치 있는 토지에 투자해서 기대하는 수익을 보고 싶어 한다는 것이다. 투자금의 액수를 떠나서, 돈이란 누구에게나 소중한 것이기에 잘못된 투자를 하면 안 된다. 토지 투자는 한 번의 실패만으로도 회복하기 어려운 것이 현실이다. 그렇기에 전문가의 도움이 필요하다. 스스로 전문가 수준의 투자를 하기 위해서는 많은 시간과 노력이 필요하다. 하지만, 노력한다고 해서 모두가 성공한다는 보장은 없다. 그래서 전문가의 도움은 투자에서 지름길과도 같다.

정말 간절한 마음으로 투자하려는 분들을 만나면, 많은 책임감과 사명감을 갖고 업무에 임할 수밖에 없다. 나도 교육생이자 투자자로서 간절함을 갖고 처음 이곳을 찾아왔기에, 사무실을 찾는 분들의 생각과 마음을 누구보다도 잘 안다고 생각한다. 그렇기에 한 분 한 분에게 진심을 다해 상담한다. 만약 내가 하는 일이 누군가의 가슴을 아프게 하거나, 남의 눈에 피눈물을 나게 하는 일이라면, 단언컨대 나는 이 일을 선택하지 않았을 것이다. 어떻게 남의 가슴을 아프게 하고, 힘들게 해서 내가 행복할 수 있겠는가? 나는 성격상 그런 일은 절대로 할 수가 없다. 차라리 안 하고 말지, 그런 일을 꼭 할 이유는 없다. 우리 회사 사무실 입구 전면에는 '바른 마음으로 바르게 생각하고 바르게 행동해서 바른 길을 가자!'라는 문구가 걸려 있다. 회사가 지향하는 방향을 바로 알 수 있는 함축적인 글이다.

스승의 가르침

아침 일찍 출근해서 사무실 청소를 마치면, 대표님과 커피 타임을 가지면서 대화할 수 있는 시간이 생긴다. 그때마다 대표님은 자신이 겪은 경험과 상담에 대한 노하우들을 아낌없이 들려주신다. 어디에서도 쉽게 들을 수 없는 이야기다. 가치 있는 토지를 보는 통찰력과 상담 능력 면에서는 누구에게도 뒤지지 않을 전문가의 이야기를 들을 수 있는 매우 귀중한 기회가 나에게 주어지는 것이다.

나는 1대 1 강의 수준의 내용들을 하나라도 놓칠까 봐 노트에 메모해 가면서 몰입했다. 대표님은 토지에 대한 다각적인 지식과 경험, 그리고 상담 시의 자세와 방법에 대해서 조목조목 자세하게 설명해주셨다. 때로는 감탄을 자아낼 만큼 사람의 마음을 움직이는 힘을 갖고 계셨다. 이런 스승의 가르침은 나에게 뼈가 되고 살이 되었다.

종종 나는 '어떻게 저런 분이 계실까?' 하는 생각에 잠긴다. 직원들이 성장해서 홀로서기를 할 수 있도록 그 누구보다도 아낌없이 지원해주시고, 응원해주신다. 회사의 대표로서 직원들이 각자 법인을 설립해서 대표이사가 될 수 있도록 힘써 노력하는 사람이 과연 얼마나 될까? 우리 대표님은 정말 이타적인 생각을 갖고 계신다. 이런 스승님을 만난 건 엄청난 행운이기에 저절로 존경심은 생겨날 수밖에 없다. 나는 대표님께서 가르쳐주신 방법들을 연습해보기도 하고, 실제로 적용해보기도 했다. 처음에는 남의 옷을 입고 있는 듯 어색했지만, 그 어색함이 어느덧 자연스럽게 내 몸에 딱 맞는 옷을 입은 것처럼 익숙함으로 바뀌는 것을 느꼈다.

재능을 꽃피우다

2023년은 1년간 정말 많은 사람들을 직접 만나서 토지 투자 상담을 해드리고, 전화로도 셀 수 없을 만큼 많은 분들과 이야기를 나누었다. 이 모든 것은 대표님의 배려 덕분이다. 대표님은 나에게 많은 기회를 주셨다. 그래서 그 기회를 살리기 위해서 나의 모든 에너지를 쏟아부었다. 고객들을 만나서 그들의 이야기를 경청하고, 궁금해하는 부분에 대해서는 충분히 알려 드렸다. 투자에 실질적인 도움을 드리는 일이 내 적성과는 아주 잘 맞는다. 고객들은 나를 편하게 생각해주셨다. 상대가 편하게 생각해주는 만큼 나 역시 편한 마음으로 따뜻하게 대해드렸다. 고객들의 토지 투자에 대한 지식 수준에 맞춰서 상세한 설명을 했고, 시간 가는 줄 모르고 집중하면서 상담을 진행하는 게 다반사였다. 고객들은 정말 열정적으로 설명하는 나의 마음을 알아주시고, 무척 고마워하셨다.

알고 보면 한 분 한 분, 사연이 없는 분이 안 계신다. 수많은 사람들이 각자의 사연이 있고, 인생 스토리가 있다. 이런 이야기들을 서로 주고받는 것이 정말 재미있다. 내가 만나는 고객들은 직업군도 아주 다양하다. 그래서 내가 그분들로부터 간접적으로 배울 수 있는 부분들이 많다. 어디에 가서 이렇게 다양한 직업에 종사하는 분들을 만날 수 있겠는가! 연령층도 다양해서 인생의 선배님들에게 경험과 지혜를 배우는 좋은 기회가 되고, 후배님들과는 다양한 것들을 함께 나눌 수 있는 상황이 많이 생긴다.

처음 토지 일을 시작한 지 단 10일 만에 택지 분양 물건을 회사에서 첫 번째로 계약했던 이야기를 앞서 했다. 생각보다 빠른 시간에 이루어진 계약이었다. 그때 대표님을 비롯한 모든 직원들이 나의 성취를 축하해주었다. 대표님은 갓 입사한 직원이 곧바로 분양 물건을 계약하는 일이 흔하지 않다고 생각하셨는지, 기쁜 표정과 함께 다소 어리둥절해하는 표정으로 나를 바라보시던 것이 기억난다.

사실 나는 미리 그 택지 분양 물건에 대해서 자세하게 분석하고, 그 내용들을 설명 자료로 만들어서 활용했다. 가치 있는 토지라는 사실은 분명했지만, 그 가치를 고객이 알아볼 수 있도록 잘 설명하는 것이 나의 일이다. 그리고 내용을 좀 더 쉽고, 명확하게 설명하기 위해서 노력을 기울였다. 이렇게 해서 나는 입사 3개월 만에 토지 관련 분양 물건들까지 합쳐서 총 32건의 계약을 진행하는 성과를 올렸다. 그로 인해 3개월 만에 직장 생활의 3년 치 연봉에 해당하는 돈을 벌었다. 이것으로 나는 3년이라는 시간을 번 것과 마찬가지였다.

나는 일을 시작하면서, 1년 수입으로 1억 5,000만 원을 목표로 세웠는데, 3개월 만에 크게 초과 달성해버린 것이다. 입사한 지 3개월이 지난 어느 날, 나는 대표님께 나의 목표를 수정하겠다고 말씀드렸다.

"대표님, 3개월 만에 벌써 올해의 수입 목표를 초과 달성했습니다. 이제 목표를 수정해야 할 것 같습니다. 올해 저는 연봉 10억 원을 목표로 삼고, 노력해보겠습니다!"

"그래? 권 부장이라면 할 수 있을 거야. 열심히 해봐!"

대표님은 아주 흐뭇한 표정을 지으며 진심으로 나를 격려해주셨다. 짧은 대화 속에서도 대표님이 진심으로 내가 성장하기를 바라는 마음이 느껴졌다.

이렇게 대표님 앞에서 나의 수정된 목표를 선포한 것이다. 이때까지만 해도 그것이 현실이 되리라고는 생각하지 못했다. 단지 막연한 목표와 같았다. 하지만 매 순간의 노력이 모여서 생각지도 못한 결과가 만들어졌다. 2023년 1년 동안 나는 그것을 경험했고, 모두가 보는 앞에서 기적 같은 결과를 만들어냈다.

화성, 평택, 용인, 안성에 있는 토지와 아파트 관련 분양 물건들을 합쳐서 1년간 총 136건의 계약을 해냈다. 단순 계산으로 볼 때, 대략 3일에 1

건씩 계약한 것이다. 믿기 어려운 결과가 만들어졌다. 이런 결과와 나의 투자가 합쳐져서 2023년에만 연봉 10억 원 이상의 수입을 올리게 되었다. 처음에는 막연하고 단순한 목표에 지나지 않는 것 같았는데, 매 순간 집중하고 몰입함으로써 얻어낸 결과였다.

2023년 연말에 대표님께서 나에게 1년간 거래한 건에 대해 물으셨다.

"권 부장, 올해 총 거래한 건수가 몇 건이지?"

"올해 총 136건을 거래했습니다!"

"많이 한 것은 알고 있었지만…. 그렇게나 많이 한 거야? 와! 지금 부동산 경기가 최악인 상황에서, 이 정도는 대한민국에서 유일무이한 기록일 것 같은데…. 그것도 토지 분야에서 이 정도라면!"

"이게 제 실력만으로 된 일은 아니고, 모두 대표님 덕분입니다. 대표님이 계시기에 가능했던 일이고, 이미 오르기로 정해져 있는 토지라서 가능했습니다!"

토지 투자를 하면서 나의 목표는 명확해졌다. 처음 토지 관련 일을 하면서 3개월이 되던 시점에 '나는 앞으로 50대에 100억 원대 자산가 될 거야'라는 목표를 세웠다. 하지만, 이 목표가 상향되기까지 그리 오랜 시간이 걸리지 않았다. 연말이 되면서 대표님께 변경된 나의 목표를 말씀드린 적이 있다.

"대표님, 목표를 상향해야 할 것 같습니다. 제가 50세가 되기 전에 100억 원 자산을 만드는 것으로 목표를 수정하겠습니다."

대표님은 빙그레 웃으며 격려해주셨다.

"50세까지 앞으로 7년 남았네. 권 부장은 충분히 잘할 수 있고, 목표를 반드시 이룰 수 있을 거야."

"정말 그럴 수 있겠죠? 대표님?"

"권 부장, 권 부장 뒤에는 내가 있잖아!"

지금 생각해도 흐뭇한 대화였다. 대표님은 이미 내가 목표를 이루었다고 생각하신다. 그리고 그 이상을 꿈꾸라고 말씀하셨다. 꿈은 꿈꾸는 자의 몫이라는 것을 너무나 잘 알고 있는 분이기 때문이다.

우리 회사는 사람을 최우선으로 생각한다. 모든 일은 사람과 사람이 만나서 진행되는 만큼, 사람이 가장 중요하다. 그렇기에 좋은 사람들과 만나서 소중한 인연을 이어가기를 항상 희망한다. 이런 마음으로 일해서 그런지 정말 많은 분들과 좋은 인연을 이어가고 있다. 그 누구라도 만나는 그 순간에는 내가 할 수 있는 최선의 노력을 다해 상담해드리고, 그분의 성공을 진심으로 바란다. 항상 그분들을 도와드린다는 마음이 밑바탕에 깔려 있다. 용기를 내서 오시는 분들을 성공시켜드리는 것이 나의 목표 중 하나다.

토지 관련 일을 하면서 나는 항상 두 가지의 말을 듣고 살아가고 있다.

"감사합니다. 고맙습니다"

이런 말을 듣고 사는 삶이 어찌 행복하지 않을 수 있을까 싶다. 그래서 나는 행복하다, 지금.

소중한
만남 스토리

김민수 선생님 이야기

2023년 2월, 화성 송산그린시티 남측지구 산업단지 인근의 택지를 분양할 당시의 이야기다. 대표님이 올린 유튜브 영상을 보고, 경북 구미에서 사업을 하고 계시던 김민수 대표님으로부터 연락이 왔다. 아직도 기억에 생생하게 떠오르는 것은 첫인상으로 목소리가 아주 부드럽고 친절한 분이라는 느낌을 강하게 받았던 점이다.

"안녕하십니까? 유튜브 영상을 보고 연락을 드렸습니다. 분양하시는 토지 중 도로에 붙어 있는 필지가 아직 남아 있나요?"

"현재 1개 필지가 남은 상황입니다! 마지막으로 남은 도로변 필지입니다."

"저는 예전부터 송산그린시티 개발에 관심이 많았습니다. 그런데 이 토지 분양 소식을 접하는 순간 '이거다!' 하는 느낌이 왔습니다."

"영상이 나가고 첫 번째로 연락을 주신 분이니, 운이 좋으시네요!"

통화를 하면서 궁금해하시는 부분에 대해 상세하게 설명해드렸다. 김민수 대표님은 이해하기 쉽게 상세히 설명해줘서 매우 고맙다고 하셨다. 영상의 내용을 이미 충분히 숙지한 상태에서 연락을 주셨기 때문에, 매수 결정을 하시는 데 큰 어려움은 없었다. 도로변에 접한 필지가 1개밖에 남지 않았다는 희소성을 생각하시고, 바로 계약금을 송금하셨다. 그리고 바로 다음 날 저희 회사로 방문하셨다.

그분을 처음 만난 순간, 목소리에 못지않게 인상 역시 아주 좋으신 분이라고 느꼈다. 대화를 나눌수록 정말 매너가 좋고 배려심이 깊은 분이라는 것을 알 수 있었다. 왠지 앞으로 좋은 인연을 맺을 수 있겠다는 생각이 아주 강하게 들었다. 이전에 투자 모임을 통해 직접 건물을 짓는 투자에도 참여했을 정도로, 투자에 적극적인 분이셨다. 특히 인상 깊었던 부분은 그림을 구입하는 취미를 갖고 계셨는데, 이런 취미를 갖고 계신 분은 처음 만나봤기 때문에 신기하다고 생각해 여러 질문을 드렸다.

우리 대표님인 오픈마인드를 처음 알게 된 것은 책을 통해서였다고 하셨다. 그리고 자연스럽게 유튜브 영상을 보게 되셨고, 그로 인해 오픈마인드에 대한 두터운 신뢰감을 갖게 된 분이셨다. 이야기를 나눌수록 참 선하고, 진실한 분이라는 것이 느껴졌다. 앞으로 투자와 관련해서 많은 도움을 드리고 싶다는 생각이 들었다. 그분과는 토지 매매계약에 대한 이야기보다 개인적인 이야기를 더 많이 나누었다. 특히 회사 CAPA 증설(생산량을 늘리기 위해 공장이나 설비를 증설하는 것)에 대해서 큰 고민거리를 갖고 계셨기에 그 부분에 관한 대화가 길어졌다.

"지금 공장 한 곳을 더 늘려 CAPA 증설을 해야 할지, 아니면 좀 더 기다려야 할지 매우 고민하고 있습니다."

"대표님, 공장을 증설하려면 자금이 어느 정도 필요하신가요?"

"최소 20억 원 정도는 될 것 같습니다!"

"투자가 입장에서 보면, 그 돈을 잘 활용해 투자하시면 회사를 운영하시는 것보다 더 빠르게 부를 이루실 수 있습니다!"

"과연 그게 더 빠른 방법이 될까요? 회사를 증설하면 지금보다 신경도 더 써야 하고…. 힘이 더 들 것 같기는 합니다."

"솔직히 회사 규모가 더 커지면 신경 써야 할 부분들이 많아지죠. 하지만 토지는 투자를 결정하고 난 후에는 크게 신경 쓸 게 없습니다. 신경을 쓰지 않아도 내 자산은 저절로 더 빨리, 더 크게 자라날 수 있죠!"

김민수 대표님은 나의 진심 어린 조언을 귀담아들으셨다. 나는 직장 생활을 15년간 해봤기 때문에 회사가 돌아가는 상황들을 누구보다 더 잘 알고 있다. 그렇기에 회사에 대한 평소의 생각들을 여과 없이 그대로 말씀드렸다. 정말 김민수 대표님의 미래를 위하는, 순수한 마음이었다. 진심은 통했다. 그분은 나의 진정성을 높이 평가해주셨다. 마인드와 생각이 모두 준비가 되어 계신 분이었다. 어쩌면 우리 회사와 같은 곳을 간절히 찾고 계셨을지도 모른다는 생각이 들었다. 이야기를 나누는 과정에서 기업가답게 굉장히 합리적인 분이라는 것이 더욱더 느껴졌다. 말 한마디,

한마디에 따뜻한 마음을 담아 내 마음 깊숙한 곳까지 느껴지게 하는 분이었다. 이렇게 김민수 대표님은 분양 토지를 매수하셨고, 그 일로 인해 우리는 깊은 인연을 맺게 되었다.

김민수 대표님과는 계약 후에도 가끔씩 안부 연락을 주고받을 정도로 가까워졌다. 정말 훌륭한 마인드를 갖고 계신 분이라서 언제든 함께하고 싶은 마음이 들었다. 그렇기에 토지에 대한 최신 정보도 더 나눠드리고 싶었다. 그리고 꼭 투자 건이 아니더라도 개인적인 교류를 하면서 지내고 싶어서 가끔씩 연락을 주고받는다.

우리 회사를 통한 토지 매매계약을 한 이후에도 김민수 대표님은 용인 쪽의 투자에 큰 관심을 갖고 계셨다. 그래서 내가 알게 된 정보를 최우선적으로 드렸다. 조만간 용인 원삼면에 소재한 SK하이닉스에서 200m 거리밖에 떨어져 있지 않은 토지가 매물로 나올 것 같다고 귀띔을 해드린 것이다. 그 토지의 가장 큰 장점은 희소성이다. SK하이닉스 인근에 위치한 좋은 토지를 사들인다는 것은 여러 이유에서 아주 힘든 일이다. 그 주변의 토지 매물은 매우 귀하다. 그 점을 감안한다면 물건이 나왔을 때, 신속하게 과감한 결정을 할 수 있어야 하는 게 무엇보다 중요하다.

다만 당시에는 예상하는 물건이 아직 매물로 확정된 상태가 아니라서 그 가능성만을 말씀드린 것이다. 지도를 통해 해당 물건의 입지를 대략 설명드렸고, 김 대표님은 매우 마음에 들어 하셨다. 이후 그 물건이 매물로 확정되었고, 최우선적으로 김 대표님께 선택권을 드렸다. 김 대표님은 현장을 직접 방문해서 해당 토지를 확인하시고, 내게 연락하셨다.

"권 부장님, 이 토지는 제가 계약하겠습니다. 현장에 와서 직접 보니까 더 확신이 들고, 가슴이 뛰네요!"

"정말 SK하이닉스와 가까운 땅이라서 값이 오르기로 이미 정해진 토지입니다!"

이렇게 해서 김민수 대표님은 2주 만에 용인시 원삼면에 위치한 토지를 추가로 사들이게 되었다. 그분과 나의 신뢰는 점점 더 크게 쌓여갔다. 그분은 우리 오픈마인드에 대해 정말 강한 믿음을 가지고 계셨다. 내가 할 수 있는 것은 그 믿음에 보답해드리는 것밖에 없다고 생각한다. 그런 분과 함께할 수 있다는 것 자체가 감사한 일이고, 행운이라고 생각된다.

김민수 대표님은 그 이후에도 좋은 토지들이 매물로 나왔을 때 과감히 결단하고 투자하셨다. 특히 우리와 함께 투자하는 건에도 다른 누구보다 더 적극적으로 참여하셨다. 정말 그분이 준비해두신 투자 예산은 마르지 않는 샘물 같았다. 그만큼 좋은 기회가 왔을 때 그 기회를 잡아 극대화하고 싶어 하시는 마음이 강하다는 것을 느꼈다. 그런 마음을 충분히 느꼈기 때문에 절호의 찬스가 왔을 때 그분에게 가장 먼저 말씀드릴 수밖에 없다.

누구나 같은 마음이겠지만, 나 역시 나를 신뢰를 해주는 믿음에 보답해야 한다는 철학을 가지고 있다. 이런 마음은 항상 같다. 이렇게 투자해놓은 것들이 수익을 내는 시점에 이르면 그 누구보다 빠르게 부의 길을 달리실 것이라고 확신한다. 김민수 대표님은 2024년도의 목표를 세우면서 한 달에 한 번은 오픈마인드를 방문하기로 정하셨다고 한다. 오픈마인드에 대한 신뢰가 얼마나 깊은지 단적으로 알 수 있는 부분이다. 함께 멀리 가실 분이기에 김민수 대표님을 만나면 항상 즐겁다. 이런 기분 좋은 만남이 평생 이어지길 바라는 마음이다. 그렇게 될 것이라고 믿는다.

이재식 선생님 이야기

2023년 6월 교육을 진행할 때였다. 교육에 참가하겠다는 연락이 쉴 새 없이 밀려들었다. 각자의 사연이 다양했다. 토지 투자에 대한 지식을 쌓고 싶은 분, 자신이 매수한 토지에 관한 상담을 받고 싶은 분, 투자에 직접적인 도움을 받고 싶은 분 등 매우 다양했다. 이렇게 많은 분들로 교육 참가 접수가 마감된 시점이었다. 그 와중에 어떤 분이 간절함을 담아 연락해왔다.

"안녕하세요! 이재식이라고 합니다! 이번 교육에 참가하고 싶은데, 가능한가요?"

"선생님, 아쉽습니다만, 이미 접수가 마감된 상태입니다."

"아…, 그렇군요. 혹시 제가 교육에 참가할 수 있는 길이 없을까요? 아니면 다른 사람이 접수를 취소하면 꼭 저에게 기회를 주십시오. 연락 기다리겠습니다. 부탁합니다!"

"네, 아쉽지만 자리를 더 이상 만들 수가 없어서…. 다음 교육 때 들으셔야 할 것 같습니다! 혹시 취소하는 분이 있어서 자리가 생기면 연락드리겠습니다."

"권 부장님! 취소된 자리가 있으면 꼭 제가 참가할 수 있도록 해주십시오. 다시 한번 부탁드립니다!"

통화를 하면서 자신이 꼭 교육에 참가하게 해달라고 거듭 부탁하시는 그분의 목소리에는 이번 교육에 반드시 참가해 강의를 들어야 한다는 간절함이 묻어 있었다. 나는 직감적으로 알 수 있었다. 이분과는 앞으로 좋은 인연을 맺게 될 것이라고….

며칠 후, 교육 참가 접수를 취소할 사정이 생겼다는 전화 한 통이 왔다. 접수 대기자가 여러 명 있었지만, 나는 고민되지 않았다. 교육을 반드시 듣고 싶어 하시던 이재식 사장님에게 기회를 드리기로 결정한 것이다. 짧은 대화 속에서도 느껴진 간절함 덕분에 교육을 가장 늦게 신청했음에도 불구하고 행운의 기회가 돌아간 것이다. 나는 일하면서 이런 경우들을 종종 경험하고 있다. 누구에게나 똑같은 상황에서 반드시 해내겠다고 생각하는 사람이 있는 반면, 해도 그만 안 해도 그만인 사람들도 많다. 이런 경우 간절함이 큰 사람에게 행운이 찾아간다. 그 간절함은 반드시 상대방에게 전달되기 때문이다.

그렇다. 나 또한 이런 경우 무언가를 해내려고 하는 사람에게 관심을 가지며 도움을 주려고 노력한다. 이런 마음으로 이재식 사장님을 선택하게 된 것이다. 이재식 사장님에게 그 마음을 전했을 때, 그분은 여러 번 고맙다고 말씀하셨다. 드디어 교육 날, 이 사장님을 처음 뵙게 되었다. 무척 좋은 인상에 표정도 밝은 분이었다. 목소리에 자신감이 넘쳐 흘렀다. 나의 직감대로 좋은 인연이 시작된 것이다. 토지 교육이 진행되는 동안에는 단 한 순간도 놓치지 않으시려고 집중하는 모습이셨다. 토요일에 진행된 특강 교육이 끝나고, 그다음 날인 일요일에 이재식 사장님으로부터 연락이 왔다. "월요일 아침에 회사로 찾아가도 되겠습니까?" 하고 물으셨고, 방문을 환영한다고 말씀드렸다.

월요일이 되자, 아침 일찍 이 사장님께서 큰 목소리로 인사하며 회사로 들어오셨다. '참 유쾌하신 분이네!' 하는 생각이 절로 들었다. 얼굴에 웃음기가 가득하고, 어디인지 모르게 장난기도 넘쳐흐르는 표정이었다. 보고 있으면 나도 모르게 미소 짓게 만드는 매력이 있으셨다.

이 사장님은 인사를 나눈 뒤, 바로 자신의 차로 가서 자신이 하고 있는 사업에 대한 자료를 한가득 가지고 오셨다. 자신이 하고 있는 일에 대해 알려주고 싶어 하는 마음이 강하게 느껴졌다. 하시는 일에 대한 열정이 가득한 것으로 보여, 그 모습이 정말 멋져 보였다. 이 사장님은 건축·토목 관련 일을 하고 계셨고, 그 분야에서 큰 규모로 사업을 하고 계신 분이었다. 자신이 하는 일에는 누구보다도 자신감을 갖고 계셨지만, 토지 투자 분야에 대해서는 초보 수준이라면서 겸손한 모습을 보이셨다.

사실 몇 개월 전부터 장비 및 자재들을 보관할 야적장을 찾고 있는데, 마땅한 물건을 못 구하셨다고 했다. 이 사장님은 자신의 상황과 앞으로의 계획, 그리고 바라는 바를 솔직하게 이야기하셨다. 나는 즉시 야적장으로 활용할 토지를 찾는 것은 그리 쉽지 않은 상황이라고 말씀드렸다. 그렇다면 투자 목적으로 좋은 토지를 추천해도 괜찮다는 말씀을 하시기에, 그에 적합한 임야를 추천해드렸다. 장기적으로 투자 가치가 높고, 토목공사를 한다면 적재 공간으로도 활용이 가능한, 여러 장점이 많은 임야였다.

첫째, 가격이 저렴하다.

그 임야는 안성시 고삼면에 위치해 있었다. 평당 20만 원대 초반인 가격을 고려하면, 장기적으로 투자할 경우 굉장히 낮은 가격에 매수하는 것이었다.

둘째, 맹지 작업이 가능하다.

해당 임야가 도로 입구 쪽 부분을 차지하고 있기 때문에 뒤쪽으로 분할되어 있는 임야는 맹지가 될 수밖에 없었다. 그 맹지들은 앞 땅의 소유자가 매수하지 않으면, 매도하기가 힘든 상황이다. 따라서 그런 맹지들은 앞쪽 임야의 반값 이하의 수준으로 사들일 수 있기 때문에 향후 매수 검토를 해보아도 좋다.

셋째, 주변에 호재가 있고, 향후의 수요가 예상된다.

해당 임야에서 직선거리 약 2km 주변에 산업단지를 조성하는 토목공사가 진행되고 있다. 그리고 직선거리 약 1km 주변에는 신규 산업단지 조성을 검토하고 있는 곳이 있다. 자신이 소유하고 있는 임야 주변에 이런 호재들이 있다는 것은 향후 제조장·창고 등의 수요를 예측할 수 있다. 또한 삼성반도체가 남사·이동읍에 360조 원을 투자하기로 발표된 상황이기에, 향후 대토(토지를 수용당한 사람이 인근의 허가구역 내에서 동일 종의 토지를 구입할 수 있도록 하는 것)에 대한 수요는 가격이 저렴한 양성면이나 고삼면 쪽으로 몰릴 것이 확실하다.

이런 장점들이 있다는 설명을 듣고, 이 사장님은 단기보다는 장기적으로 접근해 그 임야에 투자하기로 결정하셨다. 나는 인터넷의 지도를 컴퓨터 화면에 띄워놓고 입지 분석과 각종 호재들에 대해 설명했다. 이 사장님은 흡족해하시면서 현장도 보지 않으시고 빠른 결단력으로 바로 계약을 결정하셨다. 건설 쪽 사업을 하시는 분이라서 그런지 과감한 결단력에 놀랄 수밖에 없었다. 정말 시원스러운 결정이었다. 사장님은 이렇게 말씀하셨다.

"우리 쪽 일을 하는 사람들은 한번 사람을 믿으면 끝까지 믿습니다!"

내게 참으로 과분한 신뢰를 보여주셨기에, 앞으로 우리의 운명은 함께일 수밖에 없다는 생각이 들었다.

이렇게 해서 이재식 사장님과 소중한 인연을 맺게 되었다. 그분은 이후로도 투자 가치가 높은 물건이 나올 경우 꼭 자신에게 먼저 이야기해 달라고 부탁하셨다. 이런 신뢰와 믿음이 형성되었다면, 투자 가치가 높은 토지를 최우선적으로 소개해드릴 수밖에 없다. 누구라도 나와 같은 생각을 했을 것이다. 그 이후에 여러 토지들을 소개해드렸고, 그때마다 그 토지들의 높은 가치를 알아보시고 계약하셨다. 정말 시원시원한 계약의 연속이었다. 오픈마인드 님도 이 사장님은 또 계약을 하시냐며 가끔 놀라셨다.

그만큼 좋은 투자 건들이 쏟아졌다. 그때마다 미래를 위한 투자로 생각하신 이 사장님 덕분에 계약은 거침없이 이어졌다. 이런 투자 건들이 무럭무럭 자라 언젠가는 바라던 수익으로 그분께 보람을 가져다드릴 것이다. 언제, 무엇을 하든 나는 이재식 사장님과 함께하기를 바라는 마음을 가슴 깊이 담고 있다.

배진기 선생님 이야기

2023년 7월 중순, 한여름이었고 억수같이 비가 쏟아지는 날이었다. 일산에 거주하시는 배진기 선생님께서 오픈마인드 회사를 방문하기로 약속된 날이다. 워낙 비가 많이 온 날이라서 아직도 선명하게 기억이 난다. 배 선생님이 출발하실 때는 비가 그리 많이 오지 않았는데, 시간이 지나면서 점차 큰비로 변했다. 약속된 시간이 다가올수록 조금씩 걱정되었다. 먼 길을 운전해서 오시기 때문에, 안전 운전을 하시기를 바라는 마음이었다. 다행히 배 선생님은 무사히 회사 앞 주차장에 도착하셨다. 그렇게 첫인사를 나누게 되었다.

"배진기 선생님이시죠? 안녕하세요? 비가 많이 와서 걱정했습니다."

"어이쿠, 무슨 걱정을…. 덕분에 무사히 도착했네요. 하하."

운명을 거스르다

"비가 너무 많이 쏟아져서, 선생님의 빗길 운전이 걱정되었습니다. 그래서 연락을 드리려다가 오히려 더 위험할 것 같아서 참았습니다."

"잘하셨네요. 아무튼 염려해주셨다니…, 감사합니다."

배진기 선생님과는 이렇게 첫인사를 나누면서 사무실로 들어갔다. 곧 70대를 바라보는 배 선생님은 연배에 비해 훨씬 젊어 보이는 동안이셨다. 체격 또한 그 연배로 보이지 않을 만큼 다부진 몸을 갖고 계셨고, 목소리도 굉장히 우렁차고 활기찬 느낌이었다. 그렇게 젊음을 유지하고 계셔서 그런지 아직도 왕성하게 사회 활동을 하고 계셨다. 일산에서 목재 사업을 크게 일구시고, 지금은 자녀들에게 사업체를 물려준 상태라고 하셨다. 그래서 지금은 업무에 관여하지는 않아도 매일 소일거리 삼아 회사에 나가신다고 했다.

이런 이야기들을 하면서 본격적으로 오픈마인드를 알게 된 이야기를 하셨다. 배 선생님은 매일같이 오픈마인드에서 업로드한 영상을 보고 계셨고, 잠자리에서도 휴대폰을 머리맡에 두고 유튜브 방송을 시청하다가 주무신다고 했다. 매우 열성적인 오픈마인드의 팬임을 알아볼 수 있었다. 참으로 감사할 따름이었다. 그처럼 오픈마인드를 인정하시고, 심지어 김양구 대표님을 존경한다는 말씀을 하실 때는 나도 모르게 엄지를 올려보였다.

배진기 선생님은 은퇴 후, 예전에 사놓았던 파주의 토지를 관리하고 계신다고 했다. 그런데 오픈마인드의 영상을 보면서 자신이 산 토지가 잘

못된 투자라는 것을 알게 되었다고 하셨다. 이런 이유로 토지 투자에 대해서는 전문가의 상담을 받는 게 지름길로 가는 길이라는 판단이 들어 찾아오시게 되었다고 했다. 배진기 선생님은 자신의 이야기를 많이 들려주셨다. 젊었을 때 일하던 이야기, 사업 이야기, 자녀들의 이야기, 손자와 손녀 이야기를 해주셔서 나는 매우 흥미롭게 경청했다.

배 선생님의 이야기를 듣다 보니 어느덧 2시간이 훌쩍 지나고 있었다. 그런데 배 선생님께서는 다른 볼일이 있어서 이만 돌아가야 한다고 말씀하시며 자리에서 일어나셨다. 첫 만남에서는 그렇게 토지 투자에 대한 이야기를 거의 나누지 못한 채 헤어졌다. 그날은 거의 2시간 동안 하시는 말씀을 집중해서 경청한 것이 내가 한 전부였다.

다음 날, 배진기 선생님으로부터 연락이 왔다.

"권 부장님, 어제는 너무 제 이야기만 하고 돌아온 것 같아서… 미안했어요."

"아닙니다. 어제 말씀해주신 선생님의 인생 스토리가 정말 재미있었습니다!"

"괜히 권 부장님의 시간을 빼앗는 게 아니라면, 오늘 한 번 더 찾아뵙고 싶은데, 괜찮습니까?"

"네, 저는 오늘 별다른 일정이 없습니다. 오셔도 좋습니다!"

이렇게 배진기 선생님은 이틀 연속 우리 회사를 방문하셨다. 비가 억

수같이 쏟아지던 전날과는 다르게, 배 선생님이 두 번째로 찾아오신 날은 날씨가 좋았다. 다시 만나자마자 또 "어제는 미안했어요"라고 말씀하셨다. 나는 연신 괜찮다고 했고, 재미있게 이야기를 들었다고 말씀드렸다. 그동안 많은 고객들을 만났지만, 자기 이야기만 했다고 사과하시는 경우는 처음 보았다. 연배가 높으신 분께서 젊은 사람에게 최대한 예의를 갖춰서 말씀하시는 모습을 보고, 그분의 훌륭한 인성을 짐작할 수 있었다. '참 멋진 분이시다!' 나는 속으로 그렇게 생각했다.

그분은 토지 투자에 대한 상담을 받고자 다시 오셨다. 전날 배 선생님이 방문하셨을 때, 김양구 대표님은 다른 일을 보느라 회사에 안 계셨다. 그런데 그날은 대표님이 사무실에 계셨기에 자연스럽게 대표님께 배 선생님을 소개해드렸다. 배 선생님은 매우 반가워하시며, "유튜브 영상들을 아주 잘 보고 있습니다" 하고 환한 웃음으로 인사하셨다. 차를 마시면서 짧은 대화를 주고받는 과정에서 정말 열렬한 팬이라는 것을 알 수 있었다. 연배가 지긋한 분께서 대표님이 하는 말이라면 전적으로 받아들이겠다는 의견을 반복적으로 말씀하셨다.

대표님과 대화가 끝나고, 추천 해드릴 물건에 대해 아주 자세히 설명해드렸다. 그 이후 배진기 선생님을 모시고 추천해드린 평택시 청북IC 인근에 있는 800평짜리 토지 현장으로 갔다. 그 토지를 추천해드린 이유는 여러 가지가 있다.

첫째, 2차선 도로에 붙어 있는 입지다.

토지를 매수할 때 가장 먼저 봐야 할 부분인 입지가 뛰어났다. 이런 위치의 토지는 향후 제조장, 창고, 소매점 등으로 활용하기에 적합한 토지였다.

둘째, 가격이 저렴하다.

토지 매수 시 가장 고려해야 할 부분이다. 주변의 공장 토지의 공시지가가 그 토지의 가격보다 더 비싼 수준이었다. 개발 호재가 많은 평택에서 2차선 도로에 딱 붙어 있는 토지를 평당 백만 원 초반에 매수하기는 생각보다 쉽지 않다.

셋째, 주변에 개발 호재들이 있고, 교통 여건이 개선되었다.

그 토지 주변에서는 대규모의 물류단지 세 곳이 조성 공사를 진행하고 있었다. 그 공사들이 끝나고 나면, 당연히 차량의 통행량이 증가할 것이다. 이것은 그 토지의 가치 상승 요인으로 작용할 것이다. 그리고 그 토지로부터 2km 떨어진 지점에 고속화도로가 개설되어 서평택 및 향남 방향으로의 이동이 원활해졌다.

넷째, 모양이 반듯하다.

토지를 매수할 경우, 땅의 모양이 반듯하지 않은 경우에는 매수자가 매수를 기피하는 경향이 있다. 그렇지만 그 토지는 보는 순간 '와! 잘생긴 토지다!'라는 느낌이 확 온다.

그 토지의 가치는 상당히 높다고 평가할 수 있다. 배진기 선생님도 현장에서 바라본 토지의 느낌이 상당히 좋다고 평가하셨다. 토지의 경계와 내부까지 모두 둘러보시고, 주변의 개발 상황, 교통 상황까지 함께 꼼꼼히 확인했다. 그리고 매수 결정을 하는 데 그리 오랜 시간이 걸리지 않았다. 시원스러운 성격답게 최종 미팅 때 바로 매수 결정을 하셨다. 오히려 좋은 토지를 추천해줘서 감사하다는 말씀까지 해주셨다.

이럴 때면 소개한 사람으로서 참 즐겁고 뿌듯한 보람을 느낀다. 내가 하는 일의 가장 큰 매력이다. 이렇게 해서 배진기 선생님은 오픈마인드와의 인연을 이어가게 되신 것이다. 배 선생님은 이후에도 오픈마인드와 함께 투자하는 프로젝트에 적극적으로 참여해주셨다. 한번 쌓인 신뢰를 꾸준히 유지하며 과감한 결정을 내려주시는 배 선생님께 매번 감사한 마음이다.

오픈마인드의 교육이 있을 때는 좋은 에너지를 느끼고 싶다며 가끔 찾아오신다. 그럴 때마다 교육생들과 나눠 먹으라고 빵을 한 아름 사 들고 오시곤 한다. 한번 맺은 소중한 인연이 있기에 이렇게 매번 따뜻한 마음으로 돌아오고, 돌려줄 수도 있는 것 같다. 늘 푸르른 소나무처럼 이런 좋은 관계가 지속되기를 바라는 마음은 언제나 변함이 없다.

이명구 선생님 이야기

2023년 8월, 일본에 여행을 가 있던 중에 한 통의 전화 연락을 받았다. 당시는 화성의 비봉지구 바로 옆 토지를 분양하고 있던 상황이었다. 유튜브 영상을 보고 전화를 주신 분은 서울에 계신 이명구 선생님이었다.

"권 부장님, 이 토지에 투자하고 싶습니다. 분양 물건 중에 좋은 위치의 필지가 남아 있는가요?"

"이명구 선생님! 코너 자리들은 모두 나간 상태라서…. 중간 위치의 필지를 선택하셔야 할 것 같습니다."

"저는 개인적인 일로 경제적 상황이 좋지 못하게 되었습니다. 오픈마인드가 우리 가족의 희망이라고 생각해서 연락드린 것입니다. 저희에게 꼭 도움을 주시기를 부탁드립니다!"

"아, 어려움을 겪으셨나 보군요. 힘드셨겠네요. 반드시 저희가 힘이 닿는 데까지 도움을 드리겠습니다"

전화상으로도 이명구 선생님의 간절함이 내 마음 깊은 곳까지 전해지는 것 같았다. '이분을 돕고 싶다'는 생각이 절로 들었다. 이 선생님은 여의치 못한 경제 사정으로 노년에 자식들에게 손을 벌리게 될까 봐 큰 걱정을 하고 계셨다. 그런 와중에 몇 개월 전부터 오픈마인드가 올린 영상을 보시면서 희망을 얻었다고 하셨다. '참 대단하다!' 오픈마인드가 누군가에게는 꿈과 희망이 될 수도 있음을 느끼는 또 한 번의 계기가 되었다. 나는 이명구 선생님께 추천하고자 하는 토지의 입지와 미래 가치에 대해 충분히 이해하실 수 있게 설명했다.

"남은 필지 중 괜찮은 물건으로 추천해주시기를 부탁드립니다."

"이명구 선생님, 가격과 입지를 고려할 때 지금 남은 필지 중 OO번 필지가 좋습니다."

"그럼, 그 필지를 계약하겠습니다!"

나는 해외에 있으면서 전화 한 통으로 토지 매매계약을 성사했다! 그만큼 그분의 간절함도 크게 다가왔다. 통화 중 이명구 선생님의 아드님도 교육생으로 신청할 예정이라는 말씀을 하셨다. 그래서 이명구 선생님의 아드님이 교육을 받을 수 있도록 절차를 도와드리겠다고 약속했다. 이렇게 통화를 끝내고 난 지 얼마 지나지 않아서 이명구 선생님의 아드님으로부터 연락이 왔다. 그 아드님은 자신의 아버지에게 잘 대해줘서 대단히 감사하다는 인사를 하려고 전화를 했다고 했다. 내가 해드릴 수 있는 것을 했을 뿐인데, 그는 진심 가득한 마음을 담아 감사의 인사를 해왔다. 그 아버지에 그 아들이었다. 어쩌면 그렇게 예의가 바른지, 꼭 한번 만나보고 싶다는 생각이 들었다. 교육 때 뵙자는 인사로 통화를 마무리했다. 왠지 모르게 기쁨과 즐거움이 몰려왔다. 갑자기 세상이 더 따뜻하게 느껴졌다. 내가 그런 역할을 할 수 있고, 누군가에게 도움을 줄 수 있음에 감사했다.

계약 날 이명구 선생님과 사모님을 직접 뵙게 되었다. 두 분 모두 인상이 선하고 인자하시다는 느낌을 받았다. 계약 절차를 마친 후, 커피를 마시면서 대화를 나누었다. 남모르게 힘들었던 사연을 풀어놓으셨다. 그러면서 사모님은 눈물을 흘리시면서, 앞으로 꼭 도움을 달라고 간절히 부탁하셨다. 나는 확신에 찬 목소리로 "사모님, 걱정하지 마세요! 이런 마음을 갖고 계시다면, 저희는 언제든 도울 준비가 되어 있습니다!"라고 말씀드렸다. 이명구 선생님이 눈물을 흘리는 사모님에게 손수건을 내미는 등

곁에서 잘 챙겨드리는 모습을 보고 잉꼬부부가 따로 없다는 생각을 했다. 사모님을 향한 말투도 아주 다정다감해서, 정말 보기 좋은 그 모습에 나도 모르게 입가에 웃음이 가득해졌다. 이렇게 해서 또 진심을 다해 함께할 분과 인연을 맺게 된 것이다.

얼마의 시간이 흘러 30기 교육 날, 이명구 선생님은 30기 교육생 중 반장이 되었다. 30기 교육생들은 주말 모임에 70% 이상의 참석률을 보일 정도로 열기가 뜨거웠다. 평일 모임에도 50% 이상의 참석률을 보였다. 더 놀라운 것은 첫 모임 때 부반장님께서 "오픈마인드 30기 제1회 열린 모임"이라는 큰 현수막을 제작해와서 사진까지 찍는 열정을 보여주셨다. 그 열기가 어느 정도인지 짐작되는 부분이다. 그렇게 모임이 잘 운영되는 데는 반장이신 이명구 선생님의 역할이 크다고, 그 기수분들은 이구동성으로 말하곤 한다. 기수분들 또한 마인드가 좋은 분들로 구성되어 있기에 단합이 잘되고, 만나면 서로 즐거운 관계가 되었다.

또 한 번 기회가 찾아왔다. 오픈마인드가 투자하는 곳에 함께 투자할 수 있는 기회가 생겼다. 이명구 선생님께 귀띔을 드렸으나, 추가 투자를 하실 여력이 안 되었다. 최근에 살고 계신 아파트를 팔겠다고 말씀하셨는데, 정상적인 시세대로는 매도하기가 어려운 시기였다. 마음만 급할 뿐 좀처럼 매도가 되지 않아 살짝 마음고생을 하시고 있는 상황이었다. 그래서 가끔씩 나에게 연락이 와서 초초한 마음을 털어놓으시기도 했다. 도움을 드릴 수 있는 절호의 찬스인데, 그 기회를 살리기 힘든 이명구 선생님의 상황이 안타까웠다. 결국 답은 하나였다. 살고 계신 아파트가 팔려야 투자를 할 수 있는 상황이었다. 그래서 나는 고민 끝에 말씀드렸다.

"이명구 선생님, 이번 투자를 놓치시면, 정말 큰 기회를 날리는 거예요!"

"네, 저도 이번 투자에 꼭 동참하고 싶지만, 아파트를 매도하지 않으면 투자 여력이 전혀 안 되는 상황이라서…."

이번 투자를 꼭 하시려는 의지를 한 번 더 확인하고, 내 생각을 말씀드렸다.

"아파트를 매도하시려면, 지금 내놓으신 가격으로는 매도하기 어렵습니다. 과감하게 1억 원 정도 더 싸게 내놓으세요. 그렇게 하더라도 이 투자 건으로 그 이상의 훨씬 큰 수익을 가져가실 수 있습니다!"

"그렇게 하면 바로 계약이 될까요? 권 부장님의 말대로 바로 금액을 내려서 다시 내놓겠습니다."

"네! 그렇게 하시면 아마도 금방 반응이 있을 거예요. 투자 시점이 안 맞으면 기회를 놓치게 되니까요. 지금은 1억 원보다도 투자를 할 수 있느냐, 없느냐가 더 중요합니다."

"그렇게 해서라도 아파트가 팔렸으면 좋겠네요."

이 대화가 끝나고, 이명구 선생님은 바로 부동산 중개업소에 연락해서 아파트 가격을 내려 매도 의뢰를 했다. 어떻게 되었을까? 바로 1주일 만에 이명구 선생님의 아파트 매매계약이 체결되었다. 최대한 중도금을 받는 조건으로 계약했고, 이명구 선생님은 이렇게 아슬아슬하게 투자금을 마련해 투자하실 수 있게 되었다.

이 모든 과정이 놀라웠다. 나의 말 한마디에 60대 중반의 어르신이 엄청난 결단을 내려 자신이 가지고 있는 전 재산을 걸고 투자를 강행했다. 모든 것을 걸고 오픈마인드와 함께하기로 결정한 것이다. 김양구 대표님도 그 이야기를 듣고, 이명구 선생님에게 찬사를 보냈다. 큰 결정을 하신 만큼 결과로 보답해드리는 것이 우리가 할 수 있는 최선이라고 생각한다. 이런 신뢰와 믿음을 생각하면 정말 큰 책임감을 느낀다. 하지만 그만큼 확실한 투자 건이었기에, 성공할 자신이 있기에 권해드릴 수 있었다. 이명구 선생님은 그 투자 계약을 하시고 난 후에 앞으로 다가올 밝은 미래를 생각하면 절로 웃음이 난다고 하셨다. 나 또한 앞으로 다가올 결과를 생각하면 즐겁다고 답하며 한동안 서로 즐거운 대화를 이어 나갔다.

이명구 선생님은 아파트의 잔금일이 다가오자, 옮기실 아파트를 선택하느라 고민하셨다. 나는 현재 서울에 살고 계신 이 선생님께 서울에서 가까운 곳의 가성비 좋은 월세 아파트로 이사하시기를 권해드렸다. 그러자 이명구 선생님은 나에게 평택 지역의 아파트 월세 시세를 계속 물어보셨다. 결국 평택으로 이사를 오시기로 결정하신 것이다. 오픈마인드와 가까운 곳에 살면서, 자주 얼굴도 보며 즐겁게 살고 싶다는 말씀도 하셨다. 마음에 부담감이 생겼지만, 반대로 좋은 분들과 가까이에서 함께할 수 있음에 즐겁기도 했다. 결국 이명구 선생님은 정말 평택으로 이사를 오셨고, 종종 사무실에 들러 차도 한잔씩 같이할 수 있게 되었다. 정말 말한

대로 이루어진 것이다. 이런 분이 곁에 있다는 것에 오늘도 감사한 마음이고, 함께 부를 쌓아가길 희망해본다. 희망이 곧 현실이 되기를 믿어 의심치 않는다.

전 직원
책 쓰기 프로젝트

2023년 12월에 전 직원이 안면도로 워크숍을 가게 되었다. 오픈마인드의 직원들은 단합이 아주 잘되고, 함께 일하는 것에 정말 큰 즐거움을 느낀다. 한마디로 분위기가 좋아서, 사무실에는 항상 웃음이 넘쳐흐른다. 이번 워크숍도 즐거운 마음으로 떠나게 되었다.

저녁때, 직원 모두가 2023년을 맞으며 세웠던 목표에 대한 결과를 공유하는 시간을 가졌다. 그리고 각자 2024년에 이루고자 하는 목표를 발표하는 시간도 함께 진행되었다. 이 과정에서 대표님께서는 "나는 2024년에 자기계발서 책을 쓸 예정인데, 여러분들도 책을 한번 써 보는 게 어떨까?" 하는 의견을 내놓으셨다. 그러면서 "신영재 대리도 내년에 책을 한 권 쓸 거야"라고 말씀하셨다.

당시 신입으로 입사할 예정이었던 신영재 대리도 그 워크숍에 참석해 있었다. 갑자기 책을 쓰는 이야기가 화제의 중심이 되었다. 이런 대화가

'전 직원 책 쓰기 프로젝트'로 커질 줄은 아무도 예상하지 못했을 것이다. 나 또한 전혀 예상하지 못했다. 그때는 다만 머릿속으로 '나도 언젠가는 책을 한 권 써야 하는데…'라고 생각했을 뿐이다. 그런데 대표님께서 "권 부장, 너도 책 한 권 써야지?" 하고 불쑥 물으셨다. 나도 모르게 반사적으로 "네, 그럼요. 써야죠!" 하고 답변했다.

사실 2023년 가을쯤 대표님은 나에게 이런 말씀을 하셨다.

"권 부장은 꼭 책 한 권을 써야 해. 권 부장 이야기를 책으로 만들면 재미있을 거야."

"책이요? 아휴, 제가 어떻게 책을 쓸 수 있겠어요. 책은 아무나 쓰나요?"

"권 부장의 이야기를 책에 담아 펴내면 베스트셀러도 될 수도 있을 거야."

"아니에요. 저는 글 쓰는 것에 정말 자신이 없습니다."

하지만 대표님은 계속 책 쓰기를 해보라며 나를 격려하고, 용기를 주셨다. 그래서 나도 한번 도전해보자는 생각으로 워크숍 자리에서 책을 써보겠다고 말씀드렸던 것이다. 그때만 하더라도 '언젠가는 쓸 거야!' 하는 막연한 생각을 갖고 있었다. 사실 당장 쓰겠다는 이야기는 아니었다. 그런데 2024년 새해가 시작되면서 오픈마인드에서 곧바로 책 쓰기 프로젝트를 시작할 줄이야! 워크숍 때만 하더라도 전혀 상상할 수 없었던 일이었다.

이렇게 대표님과 나, 신영재 대리, 그리고 마지막으로 권기웅 팀장도 책 쓰기 프로젝트에 참여하겠다고 말했다. 대표님께서는 다른 사람들도 자발적으로 참여하기를 바랐지만, 적극적으로 참여해보겠다는 사람이 더 이상은 없었다.

책 쓰기 모임은 2024년 1월 2일부터 4명이 참여한 가운데 시작되었다. 대표님께서는 글을 써본 적이 없는 우리에게 "처음에는 글을 쓰는 연습이 필요해"라고 하셨다. 모든 일에는 트레이닝이 필요하다는 말씀과 함께 누구라도 글을 쓸 수 있다고 자신감을 불어넣어주셨다. 그러면서 글쓰기의 방법과 요령에 대해 아주 상세하게 알려주셨고, 공통 주제를 제시해주셨다.

우리는 매일 최소 A4 용지 1장 이상을 글로 채우는 것을 규칙으로 정했다. 그때 처갓집에 갈 일이 생겨 글쓰기 모임에 참석할 수가 없었지만, 처갓집에 머물면서 글을 썼고, 대표님에게 메일로 전송하는 방법으로 글쓰기 모임에 참여했다. 사실 첫날부터 머리에 쥐가 나기 시작했다. 평생 글을 써본 적이 없는 내가 글을 쓰겠다고 노트북과 씨름하고 있으니, 정말 죽을 맛이었다. 머릿속에 있는 내용을 끄집어내고, 쥐어짜면서 A4 용지 반 정도를 채우자 더 이상 쓰기가 힘들었다. 역시 책을 쓴다는 건 아무나 할 수 있는 일이 아니었다. 좀처럼 글을 쓸 수 없었고, 역시나 내게는 글쓰기의 방법과 요령이 부족함을 절실히 느꼈다. 그렇게 첫날에는 엄청난 시간이 소요되었다. A4 용지 한 장 분량을 작성하는 데 무려 4시간이 소요되었다. 이렇게 많은 시간이 소요되면, 앞으로 과연 책 한 권을 쓸 수 있을까 하는 생각이 들어 험난한 과정이 예상되기도 했다. 결국 밤이 늦어서야 이메일로 대표님께 그날 쓴 글을 보낼 수 있었다.

> 오늘 글을 적어보니, 스스로 매우 부족하다는 것을 느꼈습니다.
> 쓰고자 하는 주제에 대해서 보다 폭넓게 생각해볼 필요가 있고…,
> 글쓰기 연습이 많이 필요하다는 생각이 듭니다.

이렇게 간단한 나의 생각도 함께 적어서 보냈다. 10분도 채 안 되는 사이에, 대표님으로부터 답장이 왔다.

> 연습이 안 되어 있어서 그럴 거야. 아마도 함께 이런 시간을
> 많이 보내다 보면, 이것 또한 아주 쉬워질 거야!
> 당연히 그대도 글쓰기의 달인이 될 것이라고 확신해!
> 한번 해보자! 같이하다 보면, 분명히 효과가 나타나게 되어 있어!

그 글을 읽고 용기가 솟아났다. '그래! 한번 해보자! 처음부터 잘할 수는 없겠지!' 그렇게 나 자신을 격려하면서 할 수 있다는 생각만 하기로 했다. 대표님도 책을 처음 쓸 때에는 한 달 동안 전혀 진도가 나가지 않았다고 말씀하셨다. 아무튼 나에게 글쓰기란 가장 재능이 없는 분야라고 생각했다. 어느 정도였냐 하면, 결혼 10주년 때 아내에게 그동안의 고마운 마음을 담아서 정성스럽게 편지 한 통을 쓰려고 했는데, 어디서부터 어

떻게 쓰고, 무엇을 적어야 할지 감이 안 잡혔다. 그래서 결국 결혼기념일까지 편지를 쓰지 못했다. 다행스럽게 다른 이벤트를 준비해서 10주년을 뜻깊게 보내기는 했다. 나에게 글쓰기는 정말 어려운 분야였고, 쉽게 접근이 안 될 만큼 힘들었다. 그래서 내가 그 어려움을 이겨내고 해낸다면, 그 어떤 누구라도 할 수 있다고 생각한다. 그만큼 나에게는 가장 자신이 없는 분야에 도전하기로 마음먹은 것이다. 물론 연습이 필요하다. 반복은 자신을 갈고닦는 시간이 된다.

글쓰기 모임은 아침 8시에 모여서 독서 토론의 형태로 진행되었다. 가장 먼저 대표님이 직접 쓰신 글을 읽으셨다. 글쓰기에 대한 핵심 내용을 구분해가면서 우리의 눈높이에 맞춰 설명해주시니, 쏙쏙 이해되었다.

"내가 알려 주는 대로, 함께 글쓰기 연습을 하면, 누구라도 책 한 권은 쓸 수 있어!"

확신에 찬 대표님의 말씀이었다. 그 순간 나의 마음속에는 '그래, 알려 주시는 대로만 따라가보자' 하는 생각이 들었다. 리더의 중요성을 절실히 느끼는 순간이었다. 때로 무엇인가 도전할 때 그 분야에서 성공한 사람과 함께한다면, 그 무엇도 두렵지 않다. 그 길을 먼저 가본 사람만이 그 길 끝에 무엇이 있는지 알기에 전적으로 신뢰할 수 있는 것이다.

이렇게 매일 독서 토론을 진행하면서, 거기에서 녹음한 파일을 오픈마인드 카톡방에 공유했다. 그렇게 며칠이 지난 후, 직원들 한 명, 한 명이 변화하기 시작했다. 영상을 담당하는 직원이 자기도 참여해보겠다고 해서 동참하게 되었다. 그리고 며칠 후 제주도 여행을 가기로 예정된 소 이사님이 우리의 녹음 파일을 듣고 가슴이 뜨거워져 도저히 가만히 있을 수 없겠다고 하시며 여행을 취소하고 아침 모임에 참석하게 되었다. 이런 일들이 벌어진다는 게 마냥 신기했다. 역시 '여기는 뜨거운 열정을 가진 사람들이 모인 회사야'라는 생각이 들었다. 이렇게 글쓰기 모임에 참여하겠다는 직원들이 점차 늘어, 결국 전 직원이 거의 모두 참여하게 되었다. 정말 일이 커진 것이다. 과연 이게 가능한 일인가 하는 의문이 들면서, 도무지 현실 같지 않다는 생각이 교차했다.

함께하고자 하는 사람들이 모여 서로 의지하고 도와가면서 한다면, 이것 또한 못할 일은 아니다. 대표님은 정말 기뻐하셨다.

"다들 고맙다! 나는 너희들을 믿는다."

이런 기분 좋은 대화를 나누면서 한 달간의 글쓰기 연습에 본격적으로 돌입했다. 매일같이 A4 용지 1장 이상씩의 분량을 적어나가는 강행군이었다. 다들 글쓰기에 정신이 없었다는 표현이 맞을 것 같다. 나 또한 오전에 고객이 오시면 오후부터 글쓰기에 몰입했고, 오후에 고객이 오시는 것으로 예정되어 있으면 오전 시간에 어떻게든 조금이라도 적어놓도록 노력했다.

글쓰기를 하면서 느낀 점은 똑같은 주제에 대해 정말 다양한 생각들이 나온다는 것이다. 그게 재미있었다. 다른 사람들의 생각을 엿볼 수 있는 시간이기도 했다. 각자의 글을 읽고 나면 서로 칭찬과 격려를 해주면서, 무럭무럭 성장해나가는 것이 보이기 시작했다. 어느덧 모두가 A4 용지

한 장 정도를 글로 채우는 것은 그리 어렵지 않게 되었고, 심지어 석 장까지도 적어 가는 일이 다반사가 되었다. 놀라운 일들의 연속이었다.

　흥미로운 에피소드가 있다. 글을 써서 발표하면서 모든 직원들이 한 번씩은 눈물을 흘렸다는 사실이다. 글을 쓰다 보면 자신의 과거를 돌아보게 된다. 과거의 자신과 만나는 순간이 오는데, 그 순간에는 숨겨왔던 감정들이 한꺼번에 터져 나오면서 제어가 안 되는 상황이 벌어진다. 신기하다고 할 수 있을 정도로 각자 가슴 아픈 사연들을 하나씩 간직하고 있었다. 자신이 쓴 글을 읽으면서 과거를 회상하는 순간, 어김없이 눈물을 흘릴 수밖에 없었다. 옆에 있는 동료들도 함께 슬퍼해주었고, 어깨를 토닥토닥 두드려주는 아름다운 모습이 만들어지기도 했다.

　나 역시 그랬다. 그 누구에게도 말하기 어렵고, 말하고 싶지 않았던 나의 과거를 슬그머니 꺼내는 순간, 두 눈에서는 하염없이 눈물이 흘러내렸다. 글을 읽어 내려가는데 어린 시절의 내 모습이 떠오르곤 했다. 한번 터진 눈물은 좀처럼 멈추지 않았다. 그 어떤 방법으로도 참아 내기 힘들었다. 옆에 있던 동료들도 나의 힘들고 슬픈 과거 이야기를 들으며 함께 눈물을 흘렸다. 북받쳐 오르는 감정을 억누르려고 안간힘을 쓰는 동료가 있는가 하면, 소리 내어 흐느끼며 우는 동료도 있었다. 글쓰기 모임 자리가 눈물바다로 변하고 말았다. 고맙고, 행복한 순간이었다. 나의 이야기에 누군가가 공감해주고, 눈물을 흘려줄 수 있다는 것 자체가 행복이지 않은가! 직접 적은 글을 읽는 것에는 평소보다 많은 감정이 몰입되었다.

그렇기에 나의 과거로 돌아가 세상에서 가장 불행하고 가여운 어린이를 만났다. 그 순간 견디지 못하고 눈물샘이 터져버린 것이다. 사실 대표님도 나의 어린 시절 이야기를 글로 처음 접하셨다. 새벽에 일찍 출근하셔서 메일로 내가 보낸 글을 읽고, 가장 먼저 눈물을 흘리셨다고 말씀하셨다. 그 어떤 말보다도 감동이 밀려온 순간이었다.

더 늦기 전에 해야 할 일이 있다. 그것은 어린 시절 기억 저편에서 여전히 불행한 모습으로, 내 기억에 남아 있는 그 어린아이에게 꼭 해주고 싶었던 말을 전하는 것이다.

"너의 잘못이 아니란다. 이제는 더 이상 울지 않아도 되고, 무서워 하지 않아도 된단다. 자유롭게 천진난만하게 뛰어놀거라. 어둡고 힘들었던 과거는 온데간데없이, 너의 미래는 아주 행복하고 즐거운 삶이 펼쳐지고 있단다."

신영재 대리도 자신의 어린 시절에 힘들었던 집안 이야기를 하면서 울음을 터뜨렸다. 독서 토론이 끝나고 난 후 "그동안 고생 많았다"라는 한 마디의 말과 함께 그를 따뜻하게 안아주었다. 이렇게 모두 자신의 말 못할 사연과 힘들었던 과거 이야기들을 털어놓았다. 한 조직의 구성원 전체가 자신의 과거에 대한 이야기로 벌거벗은 상황이 된 것이다. '이런 것을 두고 훌훌 털어버린다고 하는 게 아닐까?' 하는 생각이 든다.

어느덧 글쓰기 모임을 시작한 지 2주라는 시간이 흘러, 모두가 칭찬받을 만한 실력으로 향상되었다. 무엇이든 해내고자 하는 의지만 있다면,

그 어떤 고난과 어려움도 이겨낼 수 있다. 글쓰기 또한 그랬다. 하루 종일 글쓰기만 할 수 있는 상황이 아니기에, 모두가 주어진 시간 내에서 최선을 다하고 있었다. 어떤 누군가는 새벽 3시, 4시까지도 글을 썼다. 엄청난 열정과 불굴의 의지라고 생각된다. 글의 수준을 떠나서 그 의지 자체만으로도 칭찬받기에 충분하지 않은가!

한 달간의 글쓰기 연습을 끝내고, 각자가 써나갈 책의 컨셉과 제목, 목차들을 정리하는 시간을 가졌다. 나는 핵심 단어들을 먼저 정리했다.

간절함, 열정, 의지, 도전, 만남, 변화, 베풂, 행복, 성공

이 단어들이 내가 쓸 책의 흐름을 연결하는 핵심 단어다. 나는 간절함과 의지를 갖고 도전했던 이야기를 써보고 싶었다. 나같이 지극히 평범했던 사람도 꾸준히 의지를 갖고 도전하다 보면, 생각지도 못한 행운이 찾아올 수 있다. 그리고 기적 같은 일들이 일어날 수 있다는 것을 글을 통해 꼭 말하고 싶다. 우리 모두가 포기하지 않고 꾸준히 노력한다면, 원하는 바를 언젠가는 이루어낼 수 있다고 말이다.

이런 위대한 도전을 전 직원이 함께할 수 있음에 감사한 마음을 갖고 글쓰기에 임하고 있다. 그 과정은 힘들지언정 이 또한 지나갈 것이다. 그리고 책 출간이라는 위대한 결과물을 얻게 될 것이다. 지금까지 글이란 것을 제대로 써보지 않았던 사람이 단 3개월 만에 이루어낸 기적과도 같은 엄청난 일이다.

2024년 하반기쯤 나의 책이 나올 것을 생각하면 설레고, 가슴이 두근두근한다. 그때는 직원들 서로가 끝까지 함께 여정을 끝냈다는 사실에 기쁨의 환호성을 지르고 있을 것이다. 그날이 하루빨리 오기를 바라며, 모두가 마지막까지 힘내라고 말하고 싶다. 그리고 참으로 잘하고 있고, 잘했다는 한마디를 더하고 싶다.

Part 4

행복 + 베풂 =
내가 살아가고 있는 삶

감사한 마음을
갖고 살아가는 삶

어느 날 회사에서 가장 친하게 지내는 친구와 기분 좋은 대화를 나눈 적이 있다.

"화창한 날씨에 하늘에는 예쁜 뭉게구름이 떠 있던 어느 날이었어. 아내와 경차를 타고 아웃렛으로 쇼핑을 가다가 문득 내가 이렇게 행복하게 살고 있다는 게 너무 기분 좋게 느껴졌어. 그래서 아내에게 '와! 내 인생에 이런 날도 오는구나! 비록 큰 차는 아니지만 우리 둘이 함께 탈 수 있는 차도 있고, 여유롭게 쇼핑도 하러 갈 수 있다는 게 정말 행복하고 감사하다! 어린 시절에는 이런 삶을 생각지도 못했는데…'라고 말한 적이 있어."

"소소한 것에도 행복감을 느끼는구나. 참 대단하다! 남들이 듣기에는 큰 행복이라고 느낄 정도는 아닌 것 같은데…. 그런 것을 기억하면서 행복하다고 말하는 게 결코 쉬운 건 아니거든. 사람들은 소소한 것에 행복과 감사함을 잘 못 느끼지."

그런 이야기를 나눈 게 그 친구와 내가 서로 더 깊은 신뢰감을 갖게 된 계기였다. 친구는 나의 그런 모습을 매우 좋게 봐 주었다. 어쩌면 큰 욕심보다는 작은 것에 행복을 느끼는 것에 다소 놀란 것처럼 보이기도 했다.

나는 평소에 행복은 정말 먼 곳에 있지 않다는 것을 항상 생각해왔다. 가족과 함께 맛있는 저녁 한 끼를 먹을 수 있음에 행복하고, 멋진 풍경이 보이는 카페에서 커피 한잔을 마실 수 있음에 행복하다고 생각했다. 회사에서 받는 월급으로 소소한 행복감을 느끼면서 살아갈 수 있었다. 돈으로 행복을 느끼는 데는 분명 한계가 있다. 모든 것을 내 마음속에서 어떻게 느끼느냐에 따라 행복감의 무게는 달라진다. 그래서 마음가짐이 가장 중요하다고 생각한다. 나는 어린 시절에 부족함이 큰 생활을 해보았기 때문에, 소소한 것이라도 무언가를 가질 수 있을 때 감사함을 더 크게 느낀다. 나의 삶은 Before(불행과 절망) After(행복과 베풂)로 극명히 나뉜다. 그래서 그런지 다른 이에게는 아주 사소하게 비칠 만한 것도 내게는 소중한 것으로 여겨지는 경우가 많다. 그래서 나는 뭘 해도 '감사'하다는 생각을 자주 한다.

아내를 만나서 행복한 가정을 꾸린 것도 얼마나 감사한 일인지 모른다. 항상 가족들을 보살펴주고, 사랑하는 마음으로 아껴주는 아내가 있어서 행복하다. 아내는 나에게 가끔씩 "이렇게 살 수 있게 해줘서 고마워"라고 말한다. 이런 아내를 어찌 사랑하지 않을 수 있겠는가! 그리고 세상에서 제일 사랑스러운 딸과 항상 즐거운 시간을 보낼 수 있어서 행복하다. 나는 딸이 갓난아기일 때부터 많은 시간을 함께 보냈다. 책도 많이 읽어주고, 잠도 많이 재웠다. 그러다 보니 딸은 엄마보다는 아빠와 자는 것을 더 좋아한다. 초등학생이 된 지금도 그렇다.

이러한 삶을 살아갈 수 있음에 감사하고 또 감사하다. 이렇게 삶을 살아가다 보니 감사하다는 말이 자연스럽게 입에 붙었다. 그래서 식당에 가서 식사를 하고 나면 "맛있는 밥을 먹을 수 있어서 매우 감사하다"는 말을 한다. 그리고 맛있는 음식을 제공해주시는 식당 주인에게도 정말 감사하다는 표현을 잊지 않는다.

"사장님, 여기 음식 너무 맛있어요. 정말 감사히 잘 먹었습니다!"

"어이쿠, 감사합니다. 다음에 또 오세요."

나의 인사 한마디에 식당 사장님의 얼굴에도 웃음꽃이 피어난다. 감사한 마음을 갖고 살아가다 보면, 작은 것에도 감사함을 느끼게 되고, 그것은 곧 행복으로 이어진다. 이것은 누구나 할 수 있는 것이지만, 많은 사람들이 그렇게 살아가지 못하는 것을 주변에서 많이 보고 있다. 모든 것은 내 마음이 만들어내는 것이라고 생각한다. 작은 것에서부터 감사함을 느낄 줄 알아야 세상이 더 밝아 보이고, 행복감으로 가득 차게 된다.

토지 투자 일을 하면서 많은 분들에게 도움을 드리고 있다. 이것 또한 나에게 행복감을 가져다준다. 많은 사람들에게 도움을 줄 수 있는 사람이 되었다고 생각하니 책임감도 커지지만, 행복감도 커진다. 그분들에게는 오픈마인드라는 곳이 삶에 희망을 심어주는 곳이기 때문이다. 그래서 정말 전국 각지에서 많은 분들이 찾아온다. 그분들과 만나서 삶에 대한 이야기, 투자에 대한 이야기를 나누면서 소통한다. 그 과정에서 삶의 희로애락을 모두 듣게 된다. 슬픈 일에는 함께 슬퍼해주고, 기쁜 일에는 누구보다 더 기뻐해준다. 이런 과정들 모두가 나에게는 큰 기쁨으로 다가온다. 나를 신뢰해주시는 모든 분들께 너무나도 감사한 마음이 든다. 그리고 나를 믿어주시는 만큼 보답을 해 드리는 것이 나의 도리라고 생각한다.

이렇게 살아가면서 순간순간 갖게 되는, 감사한 마음은 곧 나의 행복감을 증폭시킨다. 감사할 줄 아는 마음은 행복의 필수 요건이 아닐까 하는 생각을 하게 된다. 하루하루가 감사하다. 살아 있음에 감사하고, 맛있는 음식을 먹을 수 있음에 감사하고, 파란 하늘과 뭉게구름을 볼 수 있음에 감사하고, 웃을 수 있음에 감사하다. 그리고 가정과 일의 균형을 갖춘 좋은 삶을 살 수 있음에 감사하다. 마지막으로 이 글을 쓸 수 있음에 감사하다.

베풂에서
기부까지

'나는 어른이 되면 어려운 사람들을 도와줄 거야! 특히 나처럼 힘들게 살아가는 어린이들을 돕고 싶어! 과연 그런 날이 올 수 있을까? 그런 날이 오면 정말 좋겠다!' 이런 생각은 내가 어린 시절에 자주 가졌던 것이다. 힘들고 괴로웠던 어린 시절에는 과연 내 인생에 그런 날이 찾아올 것이라고는 상상도 하지 못했다. 막연히 그렇게 되기만을 바랐을 뿐이었다.

2023년 2월에 개인 법인을 설립했다. 법인의 이름은 '베품 주식회사'다. 이름처럼 베풀면서 사는 것이 내 인생의 큰 목표가 되었다. 누군가에게 나누어주고 베풀 수 있는 삶은 성공적인 삶이라고 생각한다. '아낌없이 주는 나무'처럼 순수하게 주고 싶은 마음으로 세상에 나누는 삶을 말한다. 나의 어린 시절처럼 힘들게 살고 있는 어린 친구들에게 도움을 주고 싶었다. 그 도움이 그 친구들에게 큰 힘이 되기를 바라는 마음이다. 이 생각은 초등학교 고학년이 되었을 때부터 해온 것이다. 하지만 그때는 그저 막연한 생각에 불과했다.

어른이 되면 그렇게 할 수 있을 것이라고 생각했다. 그렇지만 어른이 되고 난 후에는 하루하루를 바쁘게 살아가면서 그 생각들을 잊고 있었다. 하지만 우연한 계기로, 잊고 있던 것을 현실로 만드는 계기가 있었다. 어느 날 퇴근하고 집에 돌아왔을 때, 아내로부터 어떤 TV 방송에 대한 이야기를 듣게 되었다.

"오빠, TV에서 우리 딸과 이름이 똑같은 아이가 할머니와 어렵게 살아가는 장면을 봤어! 우리 딸은 세상에서 가장 행복한 아이인데…. 그 어린 친구는 진짜 가엾더라!"

"그래? 참 안됐네. 나도 그런 친구들을 보면 마음이 아프지. 방송을 보고, 슬펐구나?"

"마음이 몹시 아프더라. 우리 그 친구 좀 도와주면 안 될까?"

"그래! 그럼 우리가 조금이라도 도와주자!"

이렇게 우리 부부는 TV에 나왔던 어린 친구를 돕기로 결정했다. 그 순간 나는 어린 시절에 내가 생각했던 것들이 불현듯 떠오르기 시작했다. '그래! 어릴 적부터 힘들게 사는 어린 친구들을 돕자고 생각했잖아!' 잊어버렸던 생각들이 되살아났다. 그 순간 온몸에 전율이 일듯 짜릿했다. '이 생각이 지금에 와서 다시 떠오를 줄이야!' 오랜 시간 잊고 있던 나의 작은 소망을 실현할 수 있는 상황에 직면한 것이다. 이런 생각을 할 수 있음에 감사함을 느꼈다.

그러나 잠시 아내와 이런저런 이야기를 나누면서 대화의 화제가 바뀌어버렸다. 신기할 정도로 떠올랐던 생각을 금방 잊어버린 것이다. 지금 와서 생각해보면 어떻게 그럴 수가 있을까 싶을 정도로 순식간에 머릿속에 떠올랐다가 사라져버린 것이다. 그 상태에서 며칠 시간이 지나고, 토지 투자를 희망하는 고객이 찾아오셔서 상담한 후에 점심 식사를 같이하게 되었다. 이 과정에서 며칠 전에 아내와 나누었던 이야기가 문득 떠올랐다. 그래서 그 이야기를 고객에게 말씀드리고, 즉흥적으로 한 가지 약속을 했다.

"제가 이 자리에서 한 가지 약속을 할게요! 그래야 잊지 않고, 그 약속을 지킬 것 같아서 그래요!"

"그게 뭔데요?"

고객은 몹시 궁금하다는 듯한 표정을 지으며 질문하셨다.

"방금 이야기한 그 어린 친구에게 반드시 도움을 주겠다고 약속할게요! 저는 일단 약속을 하면, 반드시 지켜야 하거든요!"

"와! 멋지시다! 그 약속… 꼭 지키시길 바라요!"

이렇게 고객과 약속을 하고, 다음 날 바로 기부를 신청했다. 내가 어린 시절에 생각했던 일을 정말 현실로 만들어낸 것이다. 나와의 약속을 지켜냈다. '와! 지금 이 순간에… 막연히 가졌던 생각이 현실이 되는구나!' 그동안 겪어보지 못한 알 수 없는 느낌과 가슴이 뜨거워지는 것을 느꼈다. 그때 나는 또 다른 목표를 생각했다. 어려운 어린이를 좀 더 적극적으로 돕자는 생각이었다. 그것은 바로 2023년 내에 기부금을 2배로 올리겠다는 목표였다. 앞으로 해마다 기부금을 조금씩 올리는 게 어떨까 하는 생각이 번뜩 떠오른 것이다. '이거 꽤 괜찮은 목표인데…! 한번 해보자. 기부를 많이 할 수 있다는 것은 그만큼 나의 경제적 규모도 커졌다는 증거가 되니까.' 즐거운 목표가 생긴 것이다. 집으로 돌아가서 아내에게도 그 생각을 이야기했다.

"아주 좋은 생각이네!"

아내도 아주 행복해하는 반응을 보였다. 이렇게 우리 부부는 행복한 목표를 꼭 달성하기를 바라며 즐겁게 저녁 식사를 했다. 옆에 있던 어린 딸은 어리둥절한 표정을 짓고 있었다. 왠지 딸 앞에서 아빠가 멋진 일을 계획했다는 사실을 생각하니 나도 모르게 어깨가 으쓱했다.

그렇게 몇 달의 시간이 흘러 연말이 되었다. 한동안 잊고 있던 목표들을 점검하고 있었다. '참, 올해가 가기 전에 어린이 기부금을 2배로 늘리기로 했었지!' 마음이 급해졌다. 계획했던 2023년도의 다른 목표들은 모두 이루었는데, 기부에 대한 목표는 아직 이루지 못했기 때문이었다. 그 자리에서 바로 기부금을 늘리겠다고 연락했다. 생각나는 순간 바로 실행했다. 그렇게 2023년도가 지나가기 전에 기부금을 2배로 상향했다. 참으로 마음이 따뜻해지고 뿌듯해지는 순간이었다. 금액을 떠나서 이런 순간들을 많이 만들 수 있으면 좋겠다는 생각이 들었다. 지금까지 그 어떤 연말보다도 마음이 풍성해진 느낌이었다. '매년 이런 기분을 느껴 보자!' 마음속으로 즐거운 다짐을 했다. 그것은 아직 세상이 살 만하고, 따뜻한 사람들이 많다는 것을 증명하는 일이라고 생각된다.

12월에 기부금을 2배로 늘리고, 얼마 후 안면도로 오픈마인드의 직원들과 워크숍을 갔다. 거기에서 각자 2024년도의 목표를 발표하는 시간을 가졌다. 그때 나는 '기부금 2배로 늘리기'를 목표 중의 하나로 발표했다. 이제는 공식적으로도 발표했기 때문에 반드시 지켜야 하는 약속이 되었다. 생각하면 할수록 즐겁고, 꼭 지키고 싶은 목표다. 그 어떤 목표보다 훈훈해지고, 가슴 따뜻해지는 목표라고 생각한다. 어느덧 나는 많은 것을 가진 사람이 되어버렸다. 아직 자산의 가치로는 부자가 되지 못했지만, 이미 나는 마음의 부자가 되었다. 내가 가진 것 중 일부를 나눌 수 있음에 감사하다. 보다 많은 사람들이 이런 생각에 동참할수록 세상은 더 아름다운 곳이 되지 않을까? 벌써부터 올해 연말에 그 목표를 지킨 내 모습이 그려진다. 아주아주 행복해하는 나의 모습이 말이다!

전 직원에게
드린 선물

2023년 12월 27일, 나는 전 직원 한 사람 한 사람에게 선물 한 개씩을 전달했다. 상상이 되는가? 살아가면서 자신이 다니고 있는 회사의 전 직원에게 선물을 한다면, 과연 어떤 기분이 들까? 받는 사람의 기쁨도 클 뿐만 아니라 주는 기쁨은 상상 그 이상이다. 이것은 정말 그런 경험을 해보고, 느껴봐야 아는 감정이다. 누군가에게 보답하는 마음과 베푼다는 마음으로 작은 선물이라도 해본다면, 그 기쁨의 맛을 느끼게 될 것이다. 나 또한 이런 감정을 크게 느꼈고, 앞으로도 이러한 순간들이 일상이 되도록 만들어나가는 것이 목표다.

내가 운영하는 '베품' 법인의 이름을 지을 때, 고심 끝에 내가 많은 사람들로부터 받은 도움들을 잊지 말고 누군가에게 베풀면서 살고자 하는 의미를 담았다. 이름을 짓고 나니 아주 마음에 들었다. 김양구 대표님과 다른 직원들도 법인 이름을 정말 잘 지었다고 칭찬해주셨다. 이렇게 이름을 짓고 나니, 거기에 걸맞은 행동들이 나오는 것 같다. 역시 무엇이든 이름을 잘 지어야 하는가 보다!

오픈마인드에 출근하면서 대표님을 비롯한 모든 직원에게서 많은 도움을 받았다. 나는 그 1년간 생각하지도 못한 기적 같은 일들을 만들었다. 그 과정에서 곁에 있는 직원들 모두가 큰 힘이 되어 주었다. 언제 어디서든 우리는 모이면 서로를 격려하고, 그래서 웃을 일밖에 없었다. 그렇기에 이런 공간에서 이렇게 좋은 사람들과 함께하는 것 자체만으로도 행복 그 자체를 누렸다고 할 수 있다. 이런 마음을 항상 갖고 있던 차에, 연말이 되어 가면서 그들에게 감사함을 표현할 수 있는 뜻깊은 선물을 준비하고 싶었고, 그 마음은 점점 커져갔다.

직원들 한 명 한 명을 생각하면서, '과연 어떤 선물이 적합할까?' 하는 생각으로 한 달간 시간을 보냈다. 개인별로 다른 선물을 하기로 결정했다. 그래서 직원들이 필요로 하거나, 어울릴 법한 선물을 보기 시작했다. 그렇게 여러 상점들을 방문했다. 그리고 그때마다 직원별 선물을 한 가지씩 구입했다. 누군가의 얼굴을 떠올리며, 그가 받으면서 기뻐할 무언가를 살 때마다 말로 표현할 수 없는 즐거움이 있었다. 그리고 하루빨리 그 선물을 전달하고 싶은 마음뿐이었다. 그렇지만 한날한시에 '짠!' 하며 선물을 주고 싶은 마음이 더 컸다. 그래서 사게 된 선물이 옷, 향수, 블루투스 이어폰, 파우치와 화장품 등이었다. 되도록 질 높은 명품으로 골라서 준비했다. 직원들 한 명, 한 명이 모두 명품이기에, 거기에 걸맞는 제품으로 선택했다. 포장도 각각 예쁘게 준비했다.

　여성들에게는 파우치와 화장품을 준비했다. 사실 남성 직원들에 대해서는 각자의 취향이나 필요한 물품을 대략 알 수 있었지만, 여성들이 필요한 것을 파악하기에는 다소 무리가 있었다. 그러던 어느 날 김정미 이사님이 파우치를 꺼내는 모습을 우연히 보게 되었다. 그런데 파우치가 다소 오래되어 낡아 보였다. '정미 이사님은 참 검소하시구나!' 하는 생각이 드는 순간, '바로 이거야!' 하고 결정했다. 파우치를 선물하자고 생각한 것이다. 여성들의 선물을 한 명씩 구별해서 하기에는 취향을 파악하기가 어려웠다. 그래서 공통적인 것으로 선물해야겠다고 생각하던 참에 아이디어가 떠오른 것이다. 정말 우연히 말이다. 아주 고맙고 다행스러운 일이었다.

　모든 선물이 준비되자, 언제 선물을 전달해야 할지 결정해야 했다. 매주 월요일 아침에는 전 직원들이 한자리에 모이기 때문에 선물을 주기에 적합했다. 그런데 감기로 인해 출근하지 못하는 직원들이 생기는 등 좀처럼 모두가 모이기가 힘들었다. 모두가 모인 날이면 즐거움이 더 클 것이라 생각하고, 조금 더 기다려보기로 했다. 그렇게 2주 정도 시간이 지났을 때, 전 직원의 안면도 워크숍이 예정되어 있었다. 드디어 모두가 모이는 날이 온 것이다.

　워크숍 당일에 준비한 선물들을 차 트렁크에 차근차근 조심스럽게 싣고 회사로 출근했다. 출근길에 콧노래가 절로 나왔다. 아직 선물을 전달한 것도 아닌데, 아침부터 벌써 한껏 마음이 즐거운 상태였다. 이렇게 대량으로 누군가에게 선물을 나누어주는 것은 처음이다. 살아가면서 이렇게 많은 선물을 한꺼번에 주는 일은 흔하지 않을 것이다. 그렇기에 주는 입장에서도 놀라웠다. '살아가면서 나에게 이런 날이 올 줄이야! 내가 이렇게 많은 선물을 소중한 사람들에게 줄 수 있다니…, 나는 행복한 사람이다! 하하.'

타인과 무언가를 나눌 수 있는 즐거움과 행복감은 이루 말할 수 없다. 드디어 모두가 모인 상태에서, 슬며시 차로 가서 선물을 한 아름 들고 사무실로 들어갔다.

"자, 선물 하나씩 가져가세요. 기분 좋게 출발합시다."

직원들의 환호성이 터져 나왔다.

"와, 권 부장님! 이게 뭐예요? 감사합니다!"

"야, 이거 명품이잖아!"

어느새 각자 빠른 손놀림으로 선물 포장지를 뜯고 있었다. 모두의 얼굴에 행복한 웃음들이 끊이지 않았다. '이것이 행복이구나!' 나는 그 순간 행복이 멀리 있지 않다는 것을 또 한 번 느꼈다. 권기웅 팀장님이 "한 명씩 선물을 들고, 권 부장님과 사진을 찍자"고 했다. 얼떨결에 한 명씩 돌아가면서 나와 사진을 찍었다. 마치 내가 주인공이 된 느낌이 들었다. 선물 하나로 모두가 웃으면서 하나가 될 수 있었다. 신문금 사무장님이 모두가 있는 앞에서 말씀하셨다.

"법인 이름을 정말 잘 지었어! 베품…, 너무 좋아! 호호."

역시 이름을 잘 지어야 한다면서 모두가 한바탕 웃었던 기억이 난다. 이렇게 모두가 즐거운 마음으로 워크숍 장소로 출발했고, 워크숍을 진행하는 동안에도 전 직원에게 전달한 선물 이야기는 끊이지 않았다. 나는 앞으로도 그날을 잊지 못할 것이다. 모두가 즐거워하고 기뻐하던 그 순간을 영원히 기억하고 싶다. 오픈마인드의 역사 속 한 페이지로 장식되기를 바라며….

즐거움 그 자체
'오픈마인드 워크숍'

직장에 다니면서 해외로 워크숍을 가는 경우는 과연 얼마나 될까? 그렇게 흔한 일은 분명 아닐 것이다. 그런데 오픈마인드에서는 2023년도에 해외로 워크숍을 두 번, 국내 워크숍도 세 번씩이나 다녀왔다. 전에 외국계 회사에 다닌 적도 있지만, 오픈마인드에서처럼 해외로 워크숍을 다녀온 경우는 단 한 번도 없었다.

사실 평범한 직장인이 해외 출장을 가는 것도 흔한 일이 아니기에, 여러 사람이 함께 해외 워크숍을 가는 것은 생각하지도 못할 일이다. 우리가 해외로 워크숍을 가게 된 계기는 이렇다. 대표님은 2023년도의 개인목표를 세우면서 '전 직원 해외 여행 보내주기'라는 항목을 넣으셨다. 언제나 목표를 세우면 반드시 지키기 위해 부단히 노력하는 분이기에 자신이 세운 목표를 그대로 실행하신 것이다.

보통 회사에서 워크숍을 간다고 하면, 반기지 않는 사람들도 상당히 많다. "왜 워크숍을 하는 거야? 꼭 이런 걸 할 필요가 있어? 가기 싫다! 짜증 난다!" 이렇게 불평 섞인 말들이 나오기도 한다. 가기 싫은 곳에 억지로 끌려가는 듯한 반응들이 군데군데서 나오기 일쑤다. 그렇지만 우리 회사 직원들은 서로가 워크숍에 참석하지 못할까 봐 안달이 난다. 다른 직장인들이 보면 참 이해가 안 되는 상황이라고 생각할 수 있다. 일반적으로는 직장에서 진행하는 워크숍은 업무의 연장이라고 받아들인다. 하지만 우리 회사의 워크숍은 서로에 대해서 더 많이 알아 가는 시간으로 활용된다. 그동안 못 나누었던 이야기를 나누고, 각자 세운 목표에 대한 생각들을 주고받는다. 우리 회사 직원들이 모이는 장소에는 항상 웃음꽃이 만개한다. 그렇기 때문에 평소에도 함께 시간을 보내고, 이야기 나누는 것 자체를 모두들 좋아한다. 이렇게 생각하는 것은 절대로 나의 착각이 아니다.

우리 회사의 문화를 모르는 사람은 이해하지 못할 수도 있다. 오픈마인드의 사훈은 '놀면서 일하자, 그리고 베풀며 살자'다. 사훈에서 느껴지는 이미지가 있을 것이다. 일하는 것이 노는 것이고, 노는 것이 곧 일하는 것이다. 가끔 헷갈릴 때도 있다. 이런 방식으로 일을 해도 되나 싶을 정도다. 한마디로 자유로운 분위기 속에서 일한다. 그만큼 분위기가 좋고, 직원들 한 명 한 명의 기본적인 생각과 마인드가 매우 긍정적이다. 이런 분위기가 자연스럽게 형성되니까, 모두가 일하면서 즐겁고 행복할 수밖에 없다.

2023년 5월의 화사한 봄날, 전 직원이 오사카와 교토로 워크숍을 떠나기로 했다. 직원들은 하나같이 기대에 들뜬 모습으로 그날이 오기를 기다렸다. 워크숍 당일 새벽, 우리는 회사에 모여서 함께 공항으로 출발했다. 전 직원들의 얼굴에는 웃음기가 가득했다. 대표님도 직원들과 함께하는 것을 아주 좋아하신다. 그래서 그런지 그날따라 유독 천진난만한 어린이 같은 모습을 보이셨다. 일본으로의 워크숍은 직원들만을 위한 패키지 여행으로 준비되었다.

여행사에서 기획하는 일반 패키지 프로그램보다 인원이 적어서 1인당 여행비용은 상당히 높아졌지만, 직원들끼리만 여행할 수 있다는 장점을 고려하면 전혀 문제가 되지 않았다. 오픈마인드 직원들끼리만 버스를 타고 이동하므로 자리도 넓게 쓰고, 마음껏 웃고 떠들면서 이야기를 나누어도 눈치를 볼 필요가 없었다. 모두가 여행을 즐길 수밖에 없는 환경이 만들어졌다. 평소에 못 나누었던 대화를 하고, 그러면서 서로를 더 깊이 알아가는 소중한 시간이기에 모두들 만족했다.

첫날에는 교토에서 가장 유명한 곳 중 하나인 청수사에 갔다. 청수사는 고즈넉한 건물과 풍경이 예쁘기로 유명하다. 하지만, 그보다 직원들 모두가 함께함으로써 더 즐겁고 기억에 남을 추억의 한 페이지를 남길 수 있었다는 것이 뜻깊게 생각되었다. 교토의 오래된 건물이 멋스럽게 보였지만, 잊지 못할 추억들을 함께 나누는 오픈마인드 직원들의 우정이 한껏 더 멋스러워 보였다.

패키지 여행이라서 버스로 이동하는 시간이 많은 편이었지만, 직원들

표정에서는 웃음이 떠나지 않았다. 여러 관광지를 돌고, 마지막으로 오사카성으로 향했다. 그날따라 한껏 화창한 날씨가 우리의 기분을 더욱 즐겁게 해주었다. 오사카성으로 올라가는 길을 산책하듯이 걸으면서 각자 여행에 대한 대화들을 나누었다. 모두가 일본 여행은 처음이라고 했고, 이구동성으로 매우 마음에 든다는 이야기를 했다. 오사카성 앞에서 활짝 웃는 표정으로 단체 사진을 찍었다. 다들 짧게만 느껴지는 워크숍이 끝나 가는 것을 아쉬워했다. 첫 번째 해외 워크숍은 그와 같은 일정으로 끝났다.

그렇지만 그것으로 끝난 게 아니었다. 우리는 2023년 12월에 다시 한번 일본으로 워크숍을 가게 되었다. 이번에는 '눈의 나라'라고 일컬어지는 홋카이도로 향했다. 워크숍의 후보지로 홋카이도, 오키나와, 괌을 놓고 고민하다가 최종적으로 홋카이도로 정해졌다. 나는 홋카이도로 목적지가 정해진 것이 대환영이었다. 몇 년 전에 홋카이도 여행을 계획했다가 코로나19 팬데믹이 발생해 무산된 적이 있었기 때문이다. 우리는 또 한번 일본으로 워크숍을 떠났고, 역시나 이번에도 전 직원이 참여해 기쁨은 두 배가 되었다.

홋카이도 하면 역시 눈이다. 그런데 정작 우리의 워크숍 때는 눈이 내리지 않았다. 우리가 도착했을 즈음에는 이상 기온으로 날씨가 따뜻해서 쌓였던 눈도 모두 녹아버렸다고 했다. 설국을 마주할 수 없어서 아쉬웠지만, 오히려 따뜻한 날씨는 편안한 여행을 하기에 좋은 조건이 되어 주었다. 안내하는 여행 가이드도 "겨울에 이렇게 날씨가 좋은 것은 드문 일인데, 정말 운이 좋다"고 했다. 홋카이도의 한적한 느낌과 여유로움이 나의 머릿속과 마음을 평화롭게 만들어주었다.

호수 안에 떠 있는 듯한, 예쁜 섬을 보면서 온천욕을 즐길 수 있는 곳에서 숙박했다. 남자들끼리 야외 온천을 즐기면서 여행에 대한 느낌과 생각을 주고받았다. 개인적으로는 야외 온천을 하면서 바라보던 그곳의 예쁜 풍경이 아직도 생각날 정도다. 꼭 한 번 더 가보고 싶다는 생각이 드는 여행지였다.

첫 번째 일본 워크숍 때는 숙소에 넓은 방이 없어서 모두 한자리에 모이지 못했다. 하지만, 이번 숙소에는 널찍한 다다미방이 갖춰져 있어서, 전 직원들이 한자리에 모일 수 있었다. 우리는 그렇게 모두가 한방에 모여서 가볍게 맥주 한잔을 했다. 여행의 즐거움에 대한 이야기도 나누고, 각자 돌아가면서 최근에 자신이 가졌던 생각이나 고민을 나누기도 했다. 편안한 분위기 속에서 자신의 이야기를 터놓고 하는 시간도 가졌다. 소소한 일상의 이야기들을 나누면서도 모두가 상대의 말을 집중해서 들어주었고, 공감을 표현해주었다. 모두를 하나로 만들어주는 가치 있는 시간이 아닐 수 없었다.

때로는 옆 사람과 장난을 치거나, 재미있는 포즈를 취하면서 사진을 찍던 이야기 같은 것을 나누면서 웃음이 터져버린 순간도 있었다. 직원들이 함께 모이면 왜 이렇게 재미있는지, 그냥 웃음만 나온다. 회사 생활을 하면서 이런 순간들을 누릴 수 있다는 것은 정말 행복한 일이다. 일반 직장에서는 볼 수 없는 장면이고 누리기 힘든 행복감이라고 생각하면, 오픈 마인드의 가족으로서 대단한 자부심과 긍지를 느끼게 된다.

아침에는 숙소에서 가까운 홋카이도 대학까지 산책을 했다. 삼삼오오 모여서 맛집을 찾아가거나, 쇼핑을 하기도 했다. 무제한으로 식사할 수 있는 식당에 가서 생맥주와 함께 맛난 음식을 먹었다. 앞자리에 앉은 신문금 사무장님은 연신, "역시 생맥주 맛이 좋아!" 하면서 즐거움을 표현하셨다.

하루의 일정을 마무리하고 숙소에 복귀한 후, 임우택 이사님과 소봉규 이사님, 권기웅 팀장님과 함께 숙소에서 맥주를 마시면서 스포츠 이야기를 나누었던 기억이 난다. 임 이사님은 축구선수 박지성이 수원 출신의 후배라는 것이 자랑스럽다고 하셨다. 다른 것은 잘 몰라도 박지성 선수에 대한 스토리는 잘 알고 있었다. 역시 남자들이 모이는 곳에서는 스포츠 이야기가 빠질 수 없다. 워크숍의 마지막 날이라는 사실이 얼마나 아쉬웠던지, 우리는 늦은 밤까지 캔 맥주를 마시면서 남은 이야기로 웃음꽃을 피웠다. 이렇게 두 번째의 해외 워크숍을 마치고, 즐거운 마음으로 복귀할 수 있었다.

2023년 12월 말에는 한 해를 마무리하기 위해 안면도에서의 워크숍이 예정되어 있었다. 앞에서 잠깐 이야기했듯, 나는 한 해를 보내면서 전 직원들로부터 받았던 사랑과 고마움을 조금이나마 표현하기 위해 직원들의 선물을 준비했다. 이렇게 워크숍을 시작하기 전에 행한 나의 '전 직원 선물 주기' 이벤트는 직원들에게 웃음을 줄 수 있었고, 워크숍의 분위기를 미리부터 띄워 올리는 효과를 거두었다. 올 한 해 동안 오픈마인드의 직원분들을 만나서 즐겁고 보람 있는 시간을 함께할 수 있었던 것에 감사하는 마음을 담아서 보답하려 한 것뿐인데, 기대보다 훨씬 좋은 반응이었다. 우리는 모두 기쁜 마음을 행복감으로 가득 채우고, 안면도로 향했다.

이번 워크숍에는 2024년 1월 2일부로 입사하게 될 신영재 대리도 참석했다. 전 직원들을 처음 대하는 신 대리로서는 다소 낯설었겠지만, 기대해도 좋은 워크숍이 펼쳐지리란 것을 모두 알고 있었다. 직원 모두가 신 대리를 환영했고, 세심한 배려를 더하며 친절하게 대해주었다.

안면도에 도착해서 짧은 자유시간을 가진 후, 오후 5시부터 권기웅 팀장님이 준비한 레크레이션 시간이 시작되었다. 프로그램이 진행될 때마다 직원들이 보여주는 반응은 가히 엄청났다. 깔깔 웃고, 손뼉을 치며 모두가 정말 재미있게 참여했다. 특히 전무님의 '몸으로 말해요 퀴즈' 때는 전 직원들이 배꼽을 잡고 바닥에 데굴데굴 구를 정도였다. 회사에서는 제일 어른이시고 평소에는 늘 점잖은 모습만을 보이시던 전무님이 여러 사람들 앞에서 온몸을 이용해서 문제를 냈다. 특히 전무님이 개미핥기와 물개를 표현할 때는 모두가 자지러지고 말았다. 전무님은 아주 익살스러운 몸짓으로 자세히 물개를 표현하시며, 우리가 평소에 알 수 없었던 숨은 재능을 한껏 뽐내셨다. 직원들과 처음 어울리게 된 신 대리도 어느 순간

스며들어 있었다. 이렇게 한바탕 웃고 놀고 떠들고 난 후, 저녁 8시부터는 2023년도에 가졌던 각자의 목표에 대한 리뷰와 2024년도의 이루고자 하는 새로운 목표에 대해 이야기하는 시간을 가졌다. 이번 워크숍에서 가장 중요한 시간이었다.

대표님부터 구체적인 목표를 발표하셨다. 대표님은 2023년도의 목표들을 모두 이루셨다며, 2024년도의 가슴 뛰는 목표들을 선포하셨다. 책 출간, 토지 매매, 아파트 이사 등등, 여러 목표들을 전 직원 앞에서 공식적으로 발표하셨다. 목표 하나하나에 대해 설정 이유와 내포되어 있는 의미들을 구체적으로 설명해주셨다. 개인적으로는 대표님의 세 번째 책이 출간되면 읽을 생각에 가장 기대되었다. 이번에는 토지 관련 책이 아니라 자기계발에 대한 책을 쓰실 예정이라니, 가슴 뛰게 하는 이야기를 하루빨리 읽어보고 싶은 마음이다. 평소에 직원들에게 여러 가지 방법으로 동기부여를 해주고 계시기 때문에, 대표님의 책 출간이 몹시 기다려진다. 대표님은 2023년도보다 2024년도가 더 기대되는 한 해가 될 것이라고 확신하셨다.

소 이사님은 사람들이 탄성을 지를 정도로 아주 상세한 목표를 발표하셨다. 매수하고자 하는 토지의 지번까지 말할 정도여서, 그분이 지닌 소망의 깊이를 느낄 수 있었다. 그리고 임장 교육 월 4회, 오타니 쇼헤이 선수의 경기를 직접 보러 가기, 땅미농 유튜브 채널 구독자 4만 명 만들기 등 전 직원 중 가장 많은 목표를 세우셨다. 소 이사님의 끓어오르는 열정을 보며 감탄할 수밖에 없었다. 평소의 열정이라면 그 누구에게도 뒤지지 않을 그분의 모습을 나는 잘 알고 있다. 그렇기에 목표들을 하나하나 달성해가는 모습들이 머릿속에 떠올랐다. 이미 그것은 달성하기로 정해져 있다는 생각이 들었다.

김혜연 실장은 자신 없어 보이는 말투를 고쳐서, 또박또박 말하기에 도전하는 것이 목표였다. 사람들 앞에서 당당한 모습을 보여주고 싶어했다. 너무 멋진 도전이다. 스스로에게 할 수 있다고 굳은 의지로 선포한 것이다. 짧은 시간 내에 자신의 약점을 보완해서 사람들을 깜짝 놀라게 할 것이 확실하다고 생각했다. 매일매일 달라지는 김혜연 실장의 모습이 기대된다.

입사 예정인 신영재 대리는 워크숍에 처음 참가했음에도 불구하고, 잠깐 사이에 어느덧 오픈마인드의 가족이 되어 있었다. 신 대리는 1년에 책을 100권씩 읽을 정도로 엄청난 열정과 의지를 가지고 있는 친구였다. 그리고 30대 초반에 자신의 삶을 개척하고 싶은 열망이 넘쳐 흘렀다. 이런 친구가 우리 회사의 가족이 되었다는 사실을 나도 진심으로 환영했다. 그날 발표한 목표 중 가장 기억에 남는 것은 '전 직원들로부터 배울 점을 내 것으로 만들기'였다. 사람마다 각자의 장점들이 있기에, 그런 점들을 배워 자기 것으로 만들어보겠다는 것이었다. 정말 좋은 마인드다. '이런 마인드를 갖고 있기에 우리와 함께할 수 있구나'라고 생각했다.

이렇게 또 한 차례의 워크숍이 마무리되어가고 있었다. 모두가 잠자기

조차 아까울 만큼 즐겁고 알찬 시간을 보냈다. 나는 새벽이 되어서야, 잠을 청할 수 있었다. 워크숍을 통해 또 한 번 느꼈다. 오픈마인드는 모두가 한마음으로 뭉칠 수 있는 조직력을 갖춘 회사라는 사실과 항상 많은 사람들이 입사하고 싶어 하는, 선망의 대상이 될 수밖에 없다는 사실을 말이다. 나는 평소에도 오픈마인드의 직원들과 함께할 수 있음에 행복함을 느끼고, 감사하는 마음으로 살아가고 있다. 언제 어디서든 항상 함께하길 바라며….

소중한 사람에게
귀한 책을 선물하다

누군가에게 선물을 준다는 것은 생각하는 것만으로도 즐거움을 느낄 수 있고, 기쁜 마음이 들게 한다. 그동안 많은 선물을 다양한 방법으로 해봤지만, 가장 가치 있다고 느끼는 것이 바로 책 선물이다. 책을 선물한다는 것은 다양한 지식과 풍부한 감정을 공유하는 것이다. 어쩌면 그 사람의 인생을 뒤흔드는 선물이 될 수도 있다. 그만큼 책 한 권의 가치는 엄청날 수 있다. 그 가치를 얼마만큼 느끼며, 제 것으로 만드느냐에 달려 있는 것이다. 때로는 책 한 권으로 엄청난 깨달음을 얻고, 이전과는 전혀 다른 삶을 살아갈 수도 있다. 그래서 나는 책 선물하기를 좋아한다. 내가 드린 책을 통해 단 한 가지라도 좋으니 뭔가 얻는 것이 생기기를 바라는 마음으로 선물한다.

저자가 말하고자 하는 뜻을 깊이 있게 느끼고, 받아들이는 것이 중요하다. 사람마다 느끼고 받아들이는 것이 다르겠지만, 가끔 만나는 사람들 중에 그분에게 꼭 필요하겠다고 여겨지는 책이 생각날 때가 있다. 그럴 때면 반드시 그분에게 그 책을 선물로 드린다. 최근에 내가 새롭게 기쁨을 느끼고 있는 부분 중 하나다. 좋은 책을 나눌 수 있다는 것은 참으로 행복하고, 감사한 일이라고 생각한다.

책을 받으신 분들이 종종 그 책을 읽은 소감을 전해 오신다. 그럴 때마다 정말 뿌듯함을 느끼고, 공감해주시는 마음이 매우 고맙게 느껴진다. 책을 선물하고 나면, '과연 그 한 장 한 장을 넘기며 읽어나가면서 어떤 느낌을 가지실까?' 하는 궁금증이 생긴다. '내가 느낀 감동과 느낌들을 그대로 느끼실까? 그것을 느끼고 공감하시면 좋겠다'는 생각도 한다.

내가 가장 많이 선물한 책은 이서윤·홍주연 저자의 《더 해빙(The Having)》이라는 책이다. 이 책을 선물한 이유는 자신이 가지고 있는 것에 기뻐하고 감사하는 마음을 가져야 한다는 사실을 함께 나누고 싶었기 때문이다. 특히 인상적인 구절은 이렇다.

"지금 가지고 있음을 느끼는 것, 단어 그대로예요"
"Having은 돈을 쓰는 이 순간 '가지고 있음'을
'충만하게' 느끼는 것이에요."
"지금 이 순간을 사는 것, 그게 Having의 첫걸음이에요."

커피 한 잔을 마실 때도, 내가 망설이지 않고 커피 한 잔을 사 마실 돈이 있음을 감사하게 생각하는 것이 중요하다. 밥 한 끼를 사 먹을 돈이 있음에 감사해야 한다는 말이다. 많은 사람들은 '없음'에 집중한다. 당장 무언가를 살 돈을 가지고 있는데도, 큰돈이 '없음'을 더 크게 생각한다. 사실은 나도 그랬다. 10대와 20대 시절에는 부족한 것에 집중했고, 없음에 집중했었다. 밥 한 끼를 사 먹고, 누군가에게 밥 한 끼를 사줄 수 있음에 감사하다는 마음을 가지지 못했다. 작은 행복을 그냥 지나쳐버리며 느끼지 못하면서 살았다. 하지만 30대에 들어서면서부터 작은 것에도 감사하는 마음을 갖게 되었다. 놀랍게 해빙(Having)을 실천해오고 있었지만, 그것이 해빙인지 모르는 채 살았다. 그러나 이 책을 읽고 난 후부터 해빙에 대해서 더 구체적으로 알게 되었다. 이 책을 통해 행복이 멀리 있지 않다는 것을 알 수 있다. 그래서 많은 분들에게 선물해드리고 싶었다. 각박한 세상에서 매일같이 바쁘게 살아가고 있지만, 약간의 여유와 행복감을 느끼려면 생각의 변화가 필요하다.

책 선물의 효과는 바로 나타났다. 이 책을 읽고 그해에 읽은 책 중 최고의 책으로 꼽는 분이 계셨고, 하루하루 살아가는 삶에 대한 생각들이 바뀌었다고 말하는 분도 계셨다. 나를 아주 기분 좋게 해주는 소감들이었다. 단지 생각 한 가지만 바꿨을 뿐인데, 이런 효과가 나타날 수 있다는 것이 신기하고 놀랍다. 책 한 권의 위력이 드러나는 순간이다.

삶을 살아가는 데 행복감을 느낀다는 것은 삶의 만족도를 엄청나게 상승시킨다. 사람은 행복하기 위해서 살아간다. 그렇기에 나에게 있어서 책을 선물하는 것은 행복을 선물하는 것과 같다. 그 어떤 선물과도 비교할 수 없을 만큼 가치 있는 선물이다. 이 선물을 자주 나누고 싶다.

감사한 사람에게
고마움 전달하기

　인생을 살아가면서 갖게 된 각자의 목표들이 있을 것이다. 나의 목표 중 하나가 도움을 주신 분들에게 고마움을 표시하는 것이다. 고마움을 모르고 살아가는 사람들도 상당히 많지만, 나는 그 고마움들을 마음 한편에 고이 간직하고 있다. 그래서 그것에 보답하고 싶어서, 실천으로 옮기고자 하는 계획을 가지고 있다. 특히 나의 어린 시절에 도움을 주셨던 분들을 찾아뵙고 싶다. 그때는 어린 마음에 그분들로부터 받은 도움이 얼마나 고마운 것인지 몰랐다.

　초등학교에 다닐 때였다. 친구의 집이 휴게소를 운영하고 있었다. 그 친구와 친했기에 방학 때는 자연스럽게 자주 그 친구의 집으로 놀러 갔다. 친구의 집에는 먹을 것도 많고, 놀거리도 많았다. 너무나 고맙게도 친구의 집에 가면 매번 맛있는 음식으로 끼니를 해결할 수 있었다. 아직도 기억이 또렷하다. 매일 친구 집에 놀러 가다 보니 조금씩 눈치가 보이기 시작했다. 하지만 친구 집에 놀러 가는 것이 정말 재미있었기에 눈치를 무릅쓰고 친구를 만나러 갔다. 친구의 부모님은 이런 나를 항상 반갑게 맞아주셨다. 당시에는 어렸고, 세상 물정을 잘 모르던 어린아이였기 때문에, 친구의 부모님께서 베풀어주신 친절과 사랑이 얼마나 감사한 것인지 모두 헤아릴 수 없었다. 그런 마음을 어른이 되고 난 후에야 깊이 느낄 수 있었다. 삶에 조금씩 여유를 갖고 살아갈 수 있던 30대가 되면서, 고마운 그 마음에 보답하고 싶다는 생각이 점차 자라났다.

그러던 어느 날, 초등학교 친구의 결혼식에 참석했다가 예전의 그 휴게소 집 친구를 만났다. 얼마나 반가웠는지 모른다. 그리고 옛 생각이 났다. 그래서 친구에게 부모님의 안부를 묻고, 꼭 한번 뵙고 싶은 마음을 그 자리에서 표현했다. 나와 친구는 전혀 계획에 없던 일이었지만, 친구의 안내를 받아 바로 친구의 어머니를 찾아뵈었다. 갑작스러운 방문이기에 겨우 음료수 한 박스를 사 들고 갔을 뿐이었지만, 그날 나는 친구의 어머니께 진심으로 감사의 인사를 드렸다.

"어머니, 저를 기억하시겠어요? 그때 밥도 잘 챙겨주셨고, 항상 친절히 잘 대해주셔서 참으로 감사했습니다!"

"어이쿠, 이름을 들으니까 알겠다. 그게 무슨 감사한 일이라고…. 그래, 너무 잘 커줘서 내가 오히려 더 고맙다. 이제는 결혼해서 잘 살고 있다니… 그러면 됐다."

친구의 어머니께서는 그렇게 말씀하시면서, 마치 당연한 일을 했다는 듯한 표정을 지으셨다. 그 선한 인상이 아직도 또렷이 생각난다. 그것이 내게

호의를 베풀어주신 분을 찾아뵙고 감사의 인사를 드린 첫걸음이었다.

이후에도 나의 어릴 적에 뭔가 도움을 주신, 감사한 분들을 생각해보았다. 여러 어른들이 떠올랐다. 그중에서 나와 가장 친한 친구의 아버지를 찾아뵙고 소주 한잔이라도 대접하고 싶다고 생각했다. 중학교 때부터 가장 친하게 지낸 친구인데, 그 친구 집에서 거의 살다시피 했다. 그러다 보니 자연스럽게 많은 신세를 지게 되었다. 친구의 아버지는 항상 아들 대하듯이 나를 반겨주셨고, 좋은 말씀도 많이 해주셨다. 그런데 바쁜 삶을 살아가다 보니, 그 고마움을 표현할 기회가 없었다. 그래서 친구에게도 여러 번 아버님을 찾아뵙고 싶다고 말했지만, 이런저런 사정으로 결국 기회를 갖지 못했다. 하지만 친구와 시간을 맞춰서 친구의 아버지를 꼭 찾아뵙고, 어린 내게 보여주신 따뜻한 배려와 마음을 써주신 것에 대해 감사의 인사를 드리고 싶다.

그 외에도 같은 초등학교에 다니던 친구의 어머니도 꼭 찾아뵙고 감사의 인사를 드리고 싶다. 이렇게 생각해보면 나의 어린 시절과 관련해 감사의 인사를 전하고 싶은 분들이 여러 명이다. 그리고 고마운 친구들도 여러 명이다. 꼭 시간을 내서 한 분 한 분 찾아뵙고 인사드릴 예정이다. 그래야 뭔가 내 마음속의 짐을 내려놓게 될 것만 같다. 20대와 30대 때도 생각은 했지만 행동으로 옮기지는 못했다. 언뜻 '그렇게까지 해야 하나…?' 하는 생각이 들기도 한 것이 사실이지만, 40대가 된 지금에는 꼭 실천해보고 싶다는 생각이다. 더 늦기 전에….

나의 꿈은
어린이 자선사업

　어린이는 그 나라의 미래이자 그 나라의 희망이다. 이런 어린이들이기에 태어나면서부터 행복할 권리를 지니며, 그 권리는 충분히 보장되어야 한다. 어린이들은 가족들과 함께 웃고, 떠들고, 즐겁게 시간을 보내며 자라야 한다. 하지만 그렇게 하지 못하는 어린이들이 세상에는 너무나 많다. 불우한 환경과 가정의 불화, 경제적 결핍으로 인한 불행 등, 어린이들이 고통받는 경우가 너무 많다. 어린이는 나약하고 힘이 없는 존재이기에 그런 상황이 더욱더 안타깝다. 만약 내 자녀가 불우한 환경 속에서 살고자 발버둥 치고 있다고 생각해보면 과연 어떤 생각이 드는가? 참으로 마음이 아플 것이다.

　나 또한 불우한 환경에서 태어나고, 자라왔다. 이 책의 서두에서 이야기했지만, 지옥 같은 삶 속에서 고통받아야만 했다. 이런 원치 않은 환경은 선택하거나 거부할 수 있는 것이 아니기에 온전히 받아들일 수밖에 없다. 나는 그런 고통을 겪어보았기에, 다른 누군가가 그런 고통을 겪지 않기를 바라는 것이다. 특히 나는 어린 시절부터 나처럼 불우한 환경에 놓인 어린이들을 돕겠다는 생각을 해왔다. 내가 힘들었기에, 그들의 고통을 충분히 이해할 수 있다. 나는 아주아주 긴 어둠의 터널과 같은 고통의 시기를 겪었다. 누구는 당연하게 받는 사랑도 내게는 당연한 것이 아니었다. 왜 그렇게 힘들기만 했는지…. 나 혼자만 세상이라는 바다에서 외롭게 헤엄치고 있다고 느낄 때가 많았다.

알고 보면 지금도 누군가의 도움이 절실히 필요한 어린이들이 많을 것이다. 이런 어린이들에게 꿈과 희망이 되고 싶다. 오로지 나누고 베풀고 싶은 마음뿐이다. 이런 생각을 실천해나가고 싶다. 그래서 현재는 약간의 기부 활동을 하고 있지만, 점차 직접적으로 어린이들을 도울 수 있도록 노력하고자 한다. 나의 최종 목표는 어린이 자선 사업을 통해 도움이 필요한 어린이들에게 조금이라도 힘이 되어주는 것이다.

어린아이들에게는 힘든 삶이 당연한 것으로 여겨져서는 안 된다. 어린이들은 많은 사랑을 받으며 행복한 환경 속에서 살아가야 한다고 생각한다. 그래서 어려운 환경 속에 있는 어린이들을 돕는 자선 사업을 해보고 싶다. 거창한 것보다는 작게나마 조금씩 도울 수 있는 방법을 찾고 싶다.

나는 지금 딸을 키우는 아버지다. 부모로서 자녀에게 풍성한 행복감을 안겨주는 것이 어린 시절에 내가 그토록 바라던 꿈과도 같은 장면이다. 지금 나의 딸은 세상에서 가장 행복하고, 즐거운 삶을 살고 있다. 내가 누리지 못한 것들을 나눠주고 싶은 마음이 정말 간절했다. 그래서 많은 사랑을 아낌없이 주었고, 행복한 환경을 만들어주었다. 이런 것들을 이 세상의 모든 어린이들이 함께 누릴 수 있기를 바라는 마음이다.

나는 돈을 많이 벌었다고 해서 꼭 성공한 삶이라고 생각하지 않는다. 성공한 삶의 완성은 나눔과 베풂에 있다고 생각한다. 이것을 실천하기 위해 나는 노력할 것이다. 이러한 것들이 선순환되면 좀 더 아름다운 세상이 될 거라고 생각한다. 모두가 바쁘게 살아가고 있지만, 잠시만 주변을 돌아보면 어렵고 힘들게 살아가는 어린이들이 생각 이상으로 많다는 것을 알 수 있을 것이다. 이런 친구들에게 조금이나마 힘을 보태고 싶다. 그래서 이 책에서 발생되는 수익 또한 전액 어린이를 위해 기부금으로 사용할 것이다. 선행은 또 다른 선행을 낳을 것이라고 믿는다. 그렇기에 나는 이 노력을 멈추지 않을 것이다. 절대로….

운명을 거스르다

제1판 1쇄 2024년 9월 13일

지은이   권순기
펴낸이   한성주
펴낸곳   ㈜두드림미디어
책임편집 우민정
디자인   얼앤똘비악(earl_tolbiac@naver.com)

㈜두드림미디어
등록   2015년 3월 25일(제2022-000009호)
주소   서울시 강서구 공항대로 219, 620호, 621호
전화   02)333-3577
팩스   02)6455-3477
이메일   dodreamedia@naver.com(원고 투고 및 출판 관련 문의)
카페   https://cafe.naver.com/dodreamedia

ISBN   979-11-93210-97-0 (03190)